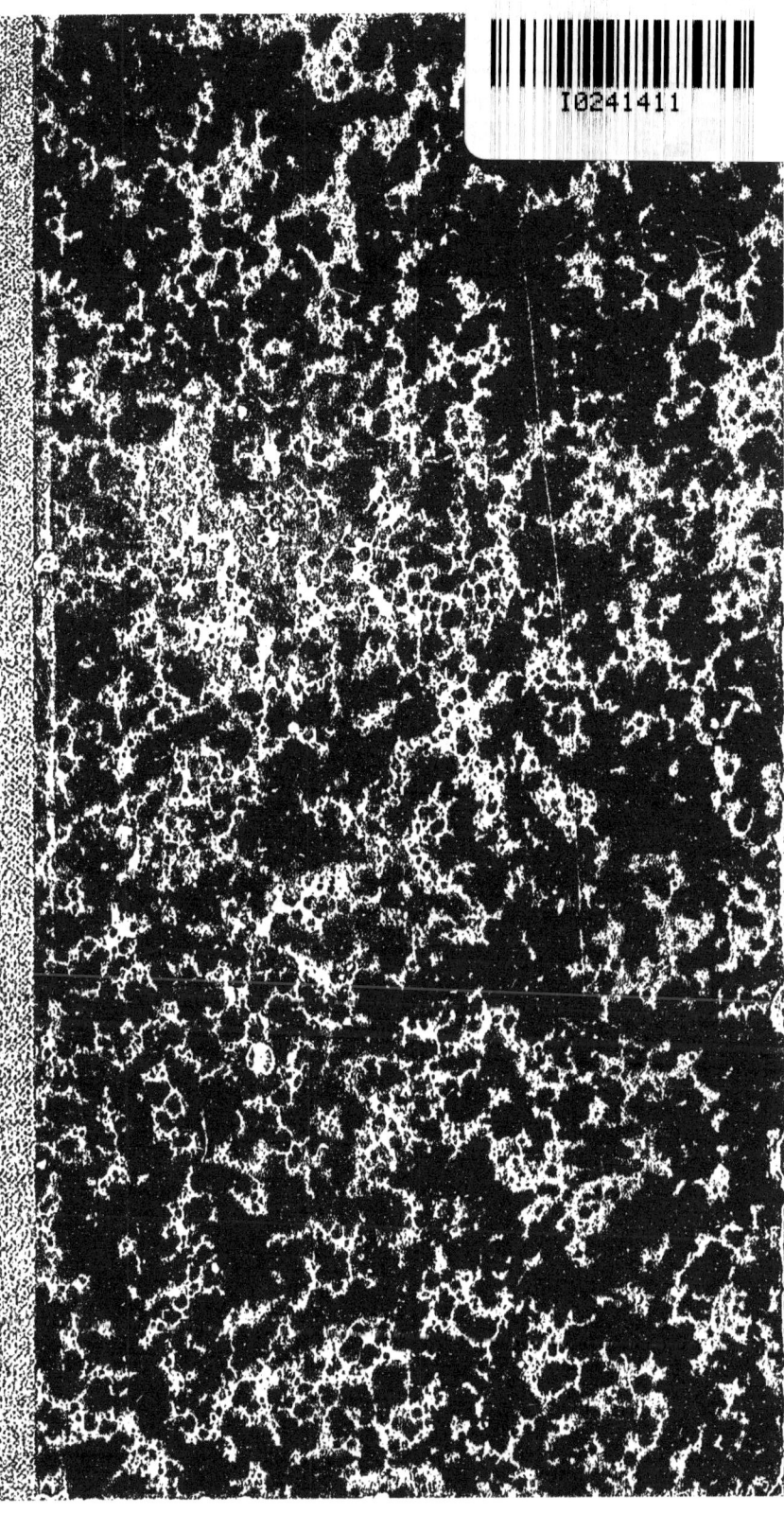

CE QUE DISENT LES AÏEUX

⦿⦿⦿ PAR M. G. HANOTAUX

Hachette-&-Cie

Prix : 1.00

CE QUE DISENT LES AÏEUX

G. HANOTAUX
de l'Académie Française

CE QUE DISENT LES AÏEUX

HACHETTE ET Cie

La Terre de France

LES VOYAGES AU TEMPS PASSÉ. On voyageait beaucoup au temps jadis, plus peut-être, mais sûrement mieux qu'à présent. Les ouvriers, « compagnons du devoir », faisaient, à pied, « le tour de France » ; les marchands allaient par monts et par vaux, la balle sur le dos, et, malgré la terreur de l'embuscade qui les attendait trop souvent au coin d'un bois, la soif du gain étant la plus forte, rien ne les arrêtait ; les étudiants se transportaient de collèges en collèges et d'universités en universités, contents de peu et n'ayant, souvent, d'autre viatique et d'autre ressource que la mandoline en sautoir, comme « le Passant », de François Coppée. Quant aux soldats, enrôlés du « régiment qui passe », ils suivaient le drapeau dans les divers pays où l'on se battait.

C'est la chanson des « adventuriers de France » :

> Tous compagnons adventuriers,
> Qui sommes partis de Lyon
> Pour aller sur la mer salée
> Y acquérir bruit et renom.
> En Barbarie nous irons
> Contre les mauvais mécréants ;
> Mais, devant que nous retournions,
> Nous leur aurons donné mal an.

Bourguignons salés, Picards portant la pique, Bretons bretonnants, cadets de Normandie ou de Gascogne, ils se retrouvaient loin du foyer natal. Les Gascons faisaient le plus de bruit, ce qui ne les empêchait pas de faire beaucoup de besogne. Ils chantaient, eux aussi, du haut du gosier et du haut de la tête, en leur baffrelofire :

> Aventuriers, bons compagnons,
> Bendez vos arcs, gentils Gascons,
> Nobles, sautez sur les arçons,
> Armés, bouclés, propres et mignons,
> La lance au poing, hardis et prompts ;
> Donnez dedans,
> Frappez dedans,
> Soyez hardis,
> Cadédis !
> En joye mis ;
> Chacun sa saison !

On se sentait vivre ; et ces vaillants fils, sans autres soucis, au son des fifres et des tambours, parcouraient tous les chemins de l'Europe et à peu près tous les chemins du monde. Quand la terre manquait, ils montaient sur les bateaux, et « vogue la galère ! »

Les fameux mariniers de Dieppe ne le cédaient à personne, pas même aux Marseillais :

> Les mariniers de Dieppe, ils ont bien triomphé.
> Ils portent les chausses doublées de taffetas,
> De sayon, de sayette, le pourpoint de damas ;
> Et puis, ils s'en iront dessus la mer jolie
> Contre les ennemis qui ont sur nous envie.

Terriens et mathurins, ils partaient au premier caprice de leur fantaisie, comme leurs ancêtres, les Gaulois, dont les historiens anciens ont raconté les randonnées à travers le monde. La vie française ne fut, pendant les années de jeunesse, qu'un long remuement... Aujourd'hui, plus vieux, nous sommes plus casaniers et les enfants de France ne quittent guère le toit paternel.

LE VOYAGE AUJOURD'HUI. Et, pourtant, la route est ouverte, unie et blonde sous leurs pas, la fumée des locomotives agite son panache blanc, le sifflet siffle comme pour un signal de départ. En plus, nous avons cette aile légère, la bicyclette qui roule sur le sol comme la roue ailée de la fortune, jadis, sur les nuages.

Mais, après trois coups de pédale, nous sommes essoufflés et nous regagnons, l'oreille basse, le logis.

Si je reprenais mes quinze ans, j'enfourcherais un bon vélo et je partirais. Et je sais bien où j'irais, d'abord : j'irais voir la terre de France.

LA TERRE DE FRANCE. La terre de France, elle est ici tout près ; elle commence à ma porte ; elle fait partie de mon village ; mais voilà qu'elle s'étend, qu'elle s'étend à partir du kilomètre qui avoisine mon clocher et qui se multiplie indéfiniment là-bas, là-bas, tout droit, tout droit, jusqu'aux montagnes, jusqu'aux rivières, jusqu'à la mer ; et puis, après, plus loin, plus loin encore, en Algérie, en Tunisie, au Congo, à Madagascar... Ah ! je ne verrai jamais tout !... Du moins, j'aurai battu du pays et ramassé des souvenirs pour mes vieux jours, quand il faudra en revenir, comme le grand-père, à chauffer la couche et à soigner mes rhumatismes, en fumant la pipe et en crachant dans les cendres, au coin du feu.

Oui, mais tout le monde ne peut pas voyager ; il faut du temps, il faut de l'argent. Certes, les heures filent vite *légère... légèrement*, quand on arpente la campagne ; mais il y a un moment pénible et qui revient trop souvent : c'est le quart d'heure de Rabelais. L'aubergiste est sans pitié,

Ce que disent les Aïeux

Eh bien, à ceux qui sont, bon gré mal gré, retenus au logis, à ceux qui sont gourds, à ceux qui souffrent de ce mal si difficile à guérir, *platitude de bourse*, je dédie ces pages pour qu'ils fassent, au moins en imagination, le tour de notre beau pays de France. Je les invite à me suivre ; sous leurs yeux, je vais essayer de dérouler le ruban des routes, comme on développe la bande du télégraphe où des caractères mystérieux sont écrits. Nous lirons la France de compagnie, non sans baguenauder et faire un brin de causette, chemin faisant.

LE CENTRE DE LA FRANCE. Puisque je suis libre de choisir ma direction, je m'en irai, d'abord, vers le département de la Côte-d'Or. Ce n'est pas seulement parce qu'il a un beau nom et qui sonne comme une bourse pleine d'écus, ce n'est pas seulement parce que c'est le pays des bons vins, — quoique cela ne gâte rien, — ce n'est pas même parce que j'y verrai le fameux mont Auxois où se décidèrent les destinées de la Gaule, près de cette Alésia où Vercingétorix lutta héroïquement contre César ; c'est parce que ce département, presque sacré, est comme le toit et la crête d'où divergent les eaux qui arrosent la France. S'il y a un centre, un faîte au territoire national, il est là.

ALISE SAINTE-REINE ET LE MONT AUXOIS

Vous l'a-t-on dit ? La croupe formée par les hauteurs et les plateaux de la Côte-d'Or se rattachant, d'une part, au plateau de Langres et aux Faucilles, de l'autre aux Cévennes et faisant ainsi partie de la ligne de partage de l'Europe, jette les eaux de ces trois versants opposés, d'un côté à la Seine, de l'autre à la Loire et de l'autre encore au Rhône par la Saône ; de telle sorte qu'une goutte idéale, tombée à terre, se divisant, ici, en trois parties et commençant son triple voyage, atteindrait finalement les trois grandes mers françaises : la Manche, l'océan Atlantique et la Méditerranée.

Faisons l'ascension du mont Auxois, saluons la statue de Vercingétorix et supposons qu'un aéroplane nous emporte, tout droit en l'air, au-dessus de ces admirables collines couvertes de vignes, mères des plus grands crus du monde :

montons, montons encore à 2000, 3 000 mètres, nous verrons, au près et au loin, la terre de France dessiner sa forme et son relief dans un panorama immense.

LA FRANCE A VOL D'OISEAU. La France, vue ainsi, se divise très nettement, à nos yeux, en deux parties distinctes, par une ligne qui la prend en écharpe de Bayonne à Avricourt. Derrière moi, je vois un formidable entassement de montagnes, figurant comme un vaste escalier, dont le degré supérieur serait formé par les Alpes et les Pyrénées. Devant moi, jusqu'à la mer, je n'aperçois, à perte de vue, que des plaines.

Ces deux parties sont symétriques dans leurs contours ; on les replierait presque l'une sur l'autre ; chacune d'elles a ses angles rentrants et saillants, ses pointes et ses enfoncés. L'axe vertical de cette ligne quasi-géométrique se tend exactement, du nord au sud, par Dunkerque, Paris, Bourges et Perpignan. L'axe horizontal va de La Rochelle à Divonne, le centre de tout le système étant en plein Bourbonnais, vers Saint-Porcien.

La partie montagneuse se compose des Vosges, du Jura, des Alpes, du Massif Central, des Cévennes, des Causses et des Pyrénées, coupée seulement, dans toute sa longueur, par la longue ravine que fait la vallée du Rhône. La partie des plaines a été créée par les alluvions des eaux que jette à la mer ce formidable relief.

SYMÉTRIE DE LA TERRE FRANÇAISE. Ainsi, l'ensemble du pays est parfaitement pondéré et équilibré : il forme un tout, gardant, à la fois, les sources, les vallées et les embouchures.

Comme un propriétaire vigilant qui a bien soigné ses abornages, la France s'est constituée, de la façon la plus logique et la plus conforme aux lois naturelles. Seule, la frontière du nord-est reste indécise, en raison même du caractère du pays sans dépression et sans relief nettement déterminés. C'est là, seulement, qu'apparaissent les hésitations de la nature et de l'histoire et c'est parce qu'il y a toujours à faire de ce côté que la capitale de la France, Paris, comme une sentinelle vigilante, s'est installée à proximité.

J'ai dit qu'il y avait, dans la région des montagnes, une étroite et unique plaine, la vallée du Rhône ; il y a, dans la région des plaines, un seul et robuste massif montagneux, la Bretagne.

La nature n'a pas voulu que les altitudes françaises fussent trop âpres et, d'un puissant coup de pouce, elle les a sculptées par le long couloir où s'attarde la Saône, où galope le Rhône ; elle n'a pas voulu, non plus, que les alluvions fussent livrées, sans défense, aux assauts de la mer, et elle a élevé, à la pointe des terres, le bastion de granit qu'est la Bretagne.

Ainsi, tout se compense, et le balancement des reliefs comme l'harmonie des contours donnent à la France une figure claire et parfaitement lisible, mais variée jusque dans sa symétrie, qui déterminera finale et le caractère du pays.

CONSTITUTION MI-PARTIE DE LA FRANCE : MONTAGNES ET PLAINES.

Avec cette division si simple : montagnes et plaines, nord-ouest et sud-est, terre et mer, tout se résume et se définit en quelques traits.

Ce sol de la France, comment a-t-il été formé ? Comment s'est-il développé à la surface de la planète et dans cette région particulièrement propice, à l'extrémité ouest du vieux continent et faisant le prolongement de cette péninsule qui devait s'appeler l'Europe ?

Naturellement, on ne sait pas tout sur ces origines qui se perdent dans la nuit du chaos primitif, quand la planète Terre était encore une nébuleuse où se disputaient le feu, les vapeurs et les premières condensations plutoniennes. Mais ce qui est généralement accepté, c'est que la France apparut, d'abord, sous la forme d'un archipel.

L'ARCHIPEL PRIMITIF. L'une des îles qui composaient cet archipel forme maintenant le Massif Central ; une autre l'Armorique ou Bretagne, comprenait, au delà de la Manche actuelle, la pointe de Cornouailles ; une troisième sert d'ossature à nos Ardennes et aux terrains élevés de la Belgique méridionale. Dans le Midi, les monts des Maures et la Corse émergeaient probablement.

Entre ces îles, de larges bras de mer représentaient les régions qui furent, plus tard, les vallées de nos grands fleuves, Garonne, Loire centrale, Seine, Somme, Meuse.

Lentement, au fond de ces bras de mer, les terrains aquatiques se déposèrent. Ils formèrent, selon les dispositions des rivages sur lesquels ils s'appuyaient, ces épaisses couches jurassiques ou crétacées, c'est-à-dire de meulières ou de craie et calcaires, qui se retrouvent presque partout dans notre France, et où la présence des coquillages et autres fruits de la mer atteste la formation océanique.

LES TERRAINS MARITIMES. Si vous faites une fouille dans ce sol d'aspect rougeâtre, blanchâtre ou grisâtre qui supporte la plupart de nos villages ou de nos villes et qui fournit, notamment, cette abondante pierre à bâtir à laquelle est due la beauté et la pérennité des édifices français, si, faisant ces fouilles, vous trouvez des écailles, des volutes, des empreintes d'algues ou de mollusques, parfois des squelettes ou des dents de squales ou de poissons, ne vous étonnez pas, reconnaissez simplement que votre maison est élevée ou que votre jardin s'étend sur un de ces terrains que la mer, en se retirant, laissa aux flancs du vieil archipel français.

LE PAYS DE FRANCE

LE SOULÈVEMENT DES ALPES ET DES PYRÉNÉES. Elle se retirait lentement ; mais il se produisit, après de longs siècles, un événement qui brusqua les choses : c'est le soulèvement, relativement récent, des Pyrénées et des Alpes. Les massifs sur lesquels reposent ces énormes chaînes de montagnes gisaient, probablement, sous les océans et se trouvaient ainsi réunis l'un à l'autre, comme les fonds d'une même mer baignant l'archipel français, quand une révolution intérieure du globe les fit se dresser comme deux énormes murailles, l'une, celle des Pyrénées, plus à pic, et l'autre, celle des Alpes, offrant plus de déclivités.

Le soulèvement des Alpes, en particulier, projetant ses derniers éboulements jusqu'au voisinage du Plateau Central, eut son contre-coup sur ce massif où les derniers volcans, les Puys, apparurent. Mais, entre le Massif Central et les Alpes ainsi dressées, une étroite vallée resta à l'état de rigole et ce fut la vallée du Rhône.

LES QUATRE PÉRIODES GÉOLOGIQUES. Ainsi, par les terrains originaires de l'archipel primitif, par les dépôts de la mer dans les détroits et dans les golfes, par les éboulis des soulèvements tardifs, furent fondées, en trois vastes périodes, les assises du sous-sol français que le travail des siècles et l'humus de la végétation recouvrit peu à peu, dans une quatrième phase[1], d'une vêture fertile de limon et d'humus. Les divers âges de la création s'inscrivent donc sur cet étroit coin de terre. Il présente un type achevé de créations progressives et fécondes s'emboîtant l'une dans l'autre, se complétant l'une l'autre.

Si vous me demandez comment on a pu écrire cette histoire et quels sont les témoins de ces gigantesques avatars, je vous répondrai, d'après la science, que c'est l'aspect des terrains eux-mêmes, leurs profils, la pureté, la fraîcheur plus ou moins grande de leurs architectures qui permettent de dater, relativement, leur apparition.

De même qu'un édifice ancien semble, maintenant, à peu près informe, avec ses murailles lézardées, ses toitures effondrées, ses sculptures brisées, ses reliefs effacés, et que, du premier coup d'œil, on peut dire : c'est une ruine, de même les chaînes de montagnes, pour un œil exercé. Les constructions antiques se distinguent parfaitement des constructions neuves.

L'ARCHITECTURE DE LA TERRE. Celles qui sont contemporaines de la création des premiers archipels apparaissent si affaissées, si détériorées dans leurs flancs et sur leurs sommets qu'on comprend bien que, seul, le travail des siècles a pu les réduire ainsi : montagnes en décombre, on ne voit plus que leurs vieilles carcasses de granit ; tout ce que des milliers de siècles ont pu leur enlever, ils l'ont pris ; rabougries et décrépites, elles sont les seuls témoins des anciens âges, comme, dans un village, les chaumières, qui ont vu passer les générations, paraissent misérables près des édifices récents, plus magnifiques et plus altiers.

Telles sont, en France, ces antiques régions de la Bretagne, du Massif Central, des Ardennes : les plus vieilles terres du monde, où subsistent de très vieilles races et où se gardent, dans les temps de crise, avec l'âme des ancêtres, le génie des longues patiences et des indépendances indestructibles.

Il n'en reste pas moins que, par ces quatre opérations successives qui ont amené la création du sol français, celui-ci présente une étonnante variété de terrains, formant, dans ses couches superposées ou juxtaposées, comme un livre où l'on pourrait apprendre, sur des feuillets distincts, toute l'histoire de la planète. Depuis le granit cristallin jusqu'à la vase sableuse et à l'humus bourbeux, tout s'y trouve.

LA CONSTITUTION DU SOL FRANÇAIS. Pour déterminer, en traits bien clairs, les larges apports qui font la constitution principale du sol français, il suffit donc de quelques mots.

La France se compose de larges amas de roches éruptives dans l'ossature du Massif Central, de la Bretagne, des Ardennes, des Maures et de la Corse ; sur les pentes de ces massifs et puis sur les hauteurs des Vosges, des Alpes, des Pyrénées, des Causses, ce sont les terrains siluriens et dévoniens, formant les anciens rivages des détroits et des mers intérieures ; les terrains jurassiques, qui sont des dépôts intermédiaires, contournent le flanc des archipels antiques ; les terrains crétacés sont, un peu plus bas, sur la ceinture des collines qui environnent les dépressions maritimes, tandis qu'au fond de ces dépressions, devenues les golfes qui forment les bassins de nos grands fleuves, gisent les terrains tertiaires ; enfin sur les bords des fleuves eux-mêmes, dans les vallées, et, parfois, aux rives de la mer actuelle, affleurent les riches terrains modernes, terrains d'alluvions, terrains de dépôts, prairies, marais, lagunes. J'ai à peine besoin d'ajouter que cet ordre est rarement régulier et que des bouleversements sans nombre, particuliers ou généraux, l'ont troublé presque partout.

Telle est pourtant, en quelques traits, la formation géologique de la France.

LA FRANCE SE RÉSUME EN DEUX MOTS : VARIÉTÉ ET ÉQUILIBRE. Elle répond exactement à ce que le premier regard nous avait appris. La France est un pays à la fois varié et équilibré. Les montagnes ne l'encombrent pas : elles l'environnent et la protègent ; ses plaines ne sont pas désertiques, ni ses plateaux glacés et balayés des vents. Abritée d'une part et rafraîchie d'autre part, en raison de la proximité de la mer, elle se présente comme un refuge et un séjour de prédilection à l'extrémité des terres européennes.

Quand, au moment des premières migrations, l'œil inquiet des premières tribus nomades n'eut plus, devant lui, que l'immense espace des mers, il se réjouit de contempler l'abri que lui offrait la terre de France.

Un paysage français c'est, par définition, un paysage de « coteaux modérés » avec un horizon lointain de montagnes altières, avec un riche ameublement de forêts et de champs, un commode développement de routes et d'accès. La richesse de ce pays vient, précisément, de ces nombreuses et souples dénivellations qui lui donnent, partout, une figure si animée.

---

[1]. « On réunit généralement l'époque quaternaire à l'époque moderne... On comprend, sous la dénomination de terrains quaternaires ou diluviens, tous les dépôts stratifiés ou non, marins, fluviatiles, lacustres, torrentiels ou glaciaires, meubles ou incohérents, qui se sont formés entre la fin de l'époque pliocène (le tertiaire) et le commencement de l'époque actuelle. » (Pictet et Alex. Bertrand).

Les Eaux de France

Ce sol de France, où les montagnes neigeuses déterminent des pentes longues et douces, était fait pour l'écoulement des eaux et ce sont les eaux, en effet, qui achèvent et éclairent la physionomie du territoire français, comme les traits et le sourire distinguent et illuminent un visage.

LES PLAINES FRANÇAISES. Quand les étrangers entrent en France, ils sont frappés, d'abord, par la beauté des eaux et l'abondance, la dissémination infinie de la végétation; ils comparent volontiers la terre française à un jardin. Ils ne trouvent certainement pas ici la belle et plantureuse vigueur des herbages anglais, vêtus d'arbres séculaires; ni la verdure uniforme et unie du polder de Hollande où, sur l'horizon nu, le dos de la vache qui paît semble une montagne; ce n'est pas, non plus, l'élégance gracile et nette, l'essence de beauté qui se dégage du paysage toscan: mais c'est un peu de tout cela à la fois.

La Normandie est verte comme la verte Erin, la Flandre est grasse comme les grasses Belgiques, la Provence est sèche et claire, sous la lumière et le vent, comme si elle devait servir de fond à un tableau de Ghirlandajo ou de Léonard. La France a, en plus, une beauté par laquelle elle se distingue de toutes ses rivales : ce sont les plaines étendues et fécondes paresseusement couchées au soleil, le long de ses beaux fleuves.

LES RIVIÈRES ET LES FLEUVES. Les petits ruisseaux font les grandes rivières, et les rivières forment les fleuves. Du haut de l'aéroplane, contemplons maintenant ces grandes voies tracées sur le sol; suivons-les : le ciel s'y reflète; les nuages colorés y passent et s'y mirent; ce sont les fleuves de France.

LA SEINE. A tout seigneur, tout honneur. Des collines de la Côte d'Or, nous voyons dévaler les premières eaux qui forment la Seine. Deux grands savants, Dufrénoy et Elie de Beaumont, ont parfaitement montré que le bassin de la Seine, avec les cercles concentriques du jurassique, du crétacé et du terrain tertiaire, s'emboîtant, pour ainsi dire, l'un dans l'autre, forme une espèce d'amphithéâtre parfaitement régulier au creux duquel les peuples devaient se porter naturellement et où devait naître une grande ville. Ils ont qualifié cette partie de la France : « pôle d'attraction », l'opposant au Massif Central : « pôle de répulsion ». En effet, l'homme cherche la vallée et fuit la montagne : c'est une loi historique. Comment les premiers hommes ne se seraient-ils pas arrêtés près des délicieux méandres de la Seine « aux belles rives »?

Le grand chemin qui fait communiquer la mer Méditerranée avec la Manche suit, nécessairement, le cours de ce fleuve dont le bassin est contigu à celui de la Saône, c'est-à-dire du Rhône au voisinage d'Autun. D'autre part, le chemin qui vient du sud-ouest en remontant la Loire, coupe l'autre également, à proximité de Paris, par Orléans.

Phot. Neurdein.
LA SEINE A CHATEAU-GAILLARD

LE CARREFOUR DE LA SEINE. Ainsi toutes les routes de l'Europe occidentale font, sur le cours moyen de la Seine un carrefour, un X. C'est donc le mouvement des pentes qui est le grand initiateur et le véritable promoteur de l'histoire. Bourgogne, Champagne, Ile-de-France, Picardie, Normandie, quels noms plus nobles pourrait-on inscrire sur le blason géographique?... Ils figurent sur l'armorial de la Seine. La Seine et ses affluents, l'Aube, la Marne, l'Oise, l'Epte, l'Andelle à droite; l'Yonne, le Loing, la Bièvre, l'Eure, à gauche, arrosent ces fertiles contrées.

Depuis les vignobles de la Côte d'Or où elle naît, jusqu'au magnifique estuaire qui porte les grands paquebots sur la Manche, la Seine nourrit des peuples qui sont aux premiers rangs parmi les peuples civilisés, elle prodigue toutes les richesses et s'orne de toutes les grâces. Il y a longtemps qu'on l'a dit : Paris, Rouen, Le Havre ne sont qu'un seul et même port représentant un des plus puissants organismes que le génie de l'homme ait créés. Paris seul suffirait, « Paris sans pair », comme disait le vieux dicton, qui reste vrai après une histoire datant bientôt de deux mille ans.

RÉGIME STABLE DE LA SEINE. La Seine est un des fleuves du monde dont l'humeur est le moins capricieuse, malgré des écarts parfois redoutables, comme celui qui a marqué l'hiver de 1909-1910, — écarts d'autant plus terribles qu'ils sont exceptionnels et qu'ils surprennent la sécurité habituelle d'une grande ville comme Paris. La Seine doit cette régularité relative à une disposition singulière qui lui assure, d'ordinaire, comme une soupape et un dégagement. Il est avéré que, par suite de la nature de son sous-sol, une grande partie du cours des pluies tombant sur le bassin de la Seine, au lieu de rester à la surface et de chercher leur écoulement par le cours du fleuve, descendent dans les régions inférieures et s'y conservent à l'état de nappes souterraines, se filtrant et s'épuisant lentement par on ne sait quels puits perdus de la croûte terrestre.

De sorte que la Seine coule au-dessus de plusieurs autres Seines superposées ; de même les lacs et les étangs qui sont à la surface, dans son bassin, reposent sur d'autres lacs et d'autres étangs. Ce sont ces eaux profondes qui assurent l'alimentation des puits artésiens ; et on a remarqué que, quand les inondations se produisent, c'est par une sorte de trop-plein de ces rivières inférieures qui ne trouvent pas un écoulement suffisant.

LA LOIRE. La Loire est le grand fleuve de la France ; c'est lui qui articule, en quelque sorte, le territoire national et qui fait l'union des diverses provinces. Mais, pour obtenir ce résultat, il est obligé de se tordre et de se replier constamment sur lui-même, s'élançant partout à la recherche des territoires dispersés, ne songeant qu'à les grouper et à les joindre, sans souci de ce qu'il adviendra de lui-même, incertain de la mer où il doit finir.

La rivière de Loire est une rivière multiforme et fantaisiste, tandis que la rivière de Seine est une rivière raisonnable et de tout repos. En Seine, écoulement tranquille et bords plats ; en Loire, vagabondage, rives tantôt creuses et tantôt usées, abîmes, gouffres, enlisements, enfin tout ce que le caprice de la nature peut faire avec des eaux abondantes et une terre bossuée.

Ce naturel de la Loire tient à ses origines. Elle descend de montagnes abruptes, mais qui ne sont pas assez hautes pour posséder le régulateur des neiges éternelles. Entre les trois grandes îles de l'archipel primitif, le Massif Central, le Morvan et la Bretagne, elle a cherché son chemin, tantôt se heurtant à leurs contreforts, tantôt s'attardant sur l'ancien lit de la mer dont les dénivellations à peine sensibles dirigent mollement son cours.

COURS TOURMENTÉ DE LA LOIRE. Quand la neige fond ou que les pluies printanières tombent subitement dans les montagnes, son débit ne suffit plus : elle se fait aider par son camarade parallèle, l'Allier, et, à deux, c'est à peine s'ils peuvent charrier au loin les flots pressés qui les envahissent soudain. On dirait que, dans leur hâte, ils ne songent qu'à gagner la mer la plus proche ; car ils s'en vont, d'abord, vers la région de Vals ou de Largentière, comme s'ils voulaient se jeter à la Méditerranée par le Rhône. Mais le massif du Vivarais les contient et les voilà partis au nord pour le long voyage.

Parallèlement au Rhône, mais en sens contraire, n'étant séparée de lui que par les montagnes du Lyonnais et du Beaujolais, la Loire s'approche de la Seine aussi près que possible vers Digoin ; les deux affluents, celui de la Loire, l'Arroux, et celui de la Seine, l'Armançon, vont se joindre : la Loire va couler dans la Seine et finalement se jeter dans la Manche. Non ! Le massif du Morvan s'y oppose et la rejette vers l'ouest.

Bien à regret, elle suit cette direction nouvelle, longeant l'obstacle qui contrarie, comme si elle cherchait, quand même, une issue vers le nord ; elle se glisse et s'insinue sur le fond des vieux océans ; jusqu'à Orléans, se cachant, fouillant même le sol pour y chercher une voie souterraine. Mais, à la fin, un obstacle insignifiant l'arrête. Vers Orléans, au point le plus proche de Paris, un seuil d'une trentaine de mètres, le plateau de Beauce, la coupe définitivement et, non sans un long détour qui lui est imposé par la rencontre de la troisième île primitive, l'île de Bretagne, elle s'infléchit de nouveau, retourne vers le sud et accomplissant lentement une boucle magnifique, elle s'élargit, à partir de Nantes, en ce long estuaire qui porte ses eaux tardives jusqu'à la mer Océane.

Par elle-même, par son affluent parallèle, l'Allier, par les autres affluents de gauche, le Cher, l'Indre, la Vienne grossie de la Creuse, elle a nettoyé et drainé les pentes maussades du Massif Central. Sur le versant est du mont Lozère, elle était presque en contact avec le Rhône ; sur le versant opposé, elle touchait au Lot et au Tarn, affluents de la Garonne. Ainsi, la Loire sert de communication naturelle entre tous les fleuves français, la Garonne qui vient des Pyrénées, le Rhône qui vient des Alpes et la Seine qui va vers la Manche. C'est bien elle qui a formé la France.

LA LOIRE, MÈRE DE LA FRANCE. La France a connu la peine de vivre à Paris et sur la frontière des Vosges et des Ardennes ; mais, si elle a connu la prospérité, l'union, la sécurité, c'est sur les bords de la Loire, dans le « jardin » de la Touraine. Quand le sort de la France était compromis, l'espoir suprême se réfugiait invincible dans les retraites du Massif

SOURCE DE LA TOUVRE
D'après une photographie de M. L. Hervé.

Central ; quand il n'y avait plus de roi de Paris, il restait le « roi de Poitiers » ou le « roi de Bourges ».

La Loire, c'est le fil souple qui attache entre elles, pour en faire un chapelet, les différentes provinces françaises ; mais ce fil est aussi un obstacle et une barrière suffisante pour arrêter l'ennemi et pour marquer la limite de la conquête et de l'invasion, venant du Nord.

Par ses affluents de droite, de beaucoup moins importants et qui appartiennent presque tous à son cours moyen ou inférieur, — la Maine recueillant la Mayenne et la Sarthe grossie du Loir, — la grande rivière assure, d'autre part, les contacts avec cette importante des bassins côtiers de la Normandie et de la Bretagne. Ainsi, on peut dire que toute la France, sauf le Nord-Est et le Sud-Est, niche dans son giron.

LA GARONNE, RIVIÈRE DES PYRÉNÉES. Quand l'archipel primitif existait seul et avant que les Pyrénées eussent surgi du fond de l'abîme, l'océan Atlantique ne faisait qu'avec la Méditerranée ; un bras de mer unissait le golfe actuel de Gascogne et le golfe du Lion. Au soulèvement des Pyrénées, le fond se releva entre cette nouvelle chaîne et le vieux Massif Central ; les eaux s'écoulèrent des deux côtés : l'un des cours d'eau ainsi formé est la Garonne, avec son affluent l'Ariège, dont les eaux suivent la pente qui les porte vers l'océan Atlantique ; l'autre est l'Aude, tributaire de la mer Méditerranée. Les deux bassins sont séparés par le plateau de Castelnaudary.

Mais, dans l'ensemble, la dépression entre les Pyrénées et le Massif Central forme une seule et même vallée, la plus méridionale de la France. On pourrait presque dire que l'Europe finit ici. Déjà, le versant sud des Pyrénées et les sierras de l'Espagne ressemblent plus au nord de l'Afrique qu'aux formations géologiques européennes et, si ce n'était la porte de Gibraltar, le lac méditerranéen aurait, par ici, sa communication naturelle avec l'Océan.

LE CHEMIN DES DEUX MERS. La vallée de la Garonne reste le chemin de communication le plus court entre les deux mers. Aussi, de toute antiquité, cette voie fut-elle célèbre par son importance, sa fréquentation et sa richesse : elle a, à ses deux extrémités, deux des plus grands ports français, Bordeaux et Marseille avec, au milieu, la reine du Midi, couronnée des briques rouges de Saint-Sernin, Toulouse.

Ces deux ports sont reliés par l'admirable travail du canal du Midi, construit par Riquet sous Louis XIV. Malheureusement, l'œuvre ne suffit plus aux nécessités de la navigation moderne ; son trafic, concurrencé par les lignes de chemins de fer, a beaucoup perdu en importance et l'on se demande si l'on ne pourrait pas reprendre, maintenant, sur d'autres données,

l'œuvre de Riquet et la transformer en un « canal des Deux-Mers » qui assurerait directement le passage entre Bordeaux et Marseille, même aux grands navires, sans rompre charge et en évitant ainsi le détour de Gibraltar. Les ingénieurs hésitent ; car la dépense serait énorme pour un résultat qui reste douteux.

LE COUDE DE LA GARONNE, A TOULOUSE. La Garonne naît en Espagne, au val d'Aran ; elle draine les eaux des glaciers de la Maladetta et entre en France à 585 mètres d'altitude par l'étroite gorge du Pont-du-Roi. Elle fait un vaste demi-cercle qui va longer les dernières pentes du Massif Central ; c'est au moment où elle commence son coude vers l'ouest, qu'elle voit naître, sur ses bords, comme Orléans au coude de la Loire, cette belle ville de Toulouse ; puis, s'attardant dans une des plus riches vallées du monde, elle gagne la mer et donne naissance à Bordeaux.

Le bassin de la Garonne est très différent, selon qu'on considère sa rive droite ou sa rive gauche. Sur la rive gauche, elle reçoit les eaux des Pyrénées par une quantité de petites rivières qui s'ouvrent en éventail depuis le plateau de Lannemezan et viennent la rejoindre tout le long de son parcours. Quelques-unes de ces rivières même ne s'unissent pas à elle et forment le bassin côtier de l'Adour.

LA GARONNE ET LE MASSIF CENTRAL. Tandis, qu'à droite, ce sont de puissants affluents descendant soit des Pyrénées, comme l'Ariège, soit des pentes méridionales ou occidentales du Massif Central, le Tarn, grossi de l'Aveyron, le Lot, la Dordogne, grossie de la Vézère qui apporte la Corrèze, et l'Isle, forment un système dont les pentes, portées de l'est à l'ouest, achèvent, avec les bassins côtiers de la Charente et des deux Sèvres, entre Loire et Garonne, le développement des territoires et des provinces qui regardent l'Océan.

La Dordogne, qui rejoint la Garonne au bec d'Ambez, assure, par le Périgord, le Limousin et le Poitou, les contacts avec la Loire et, par conséquent, les communications avec Tours, Orléans, Paris. Ainsi, cette France du Sud-Ouest, cette France de l'Aquitaine, de l'Albigeois et des Pyrénées qui est la plus excentrique des régions françaises, n'est pas en dehors du groupement. En somme, toutes les provinces font comme des grappes pendues autour du Massif Central qui est bien le tronc du territoire national.

LE RHONE ET LA SAONE. Le Rhône, avec son superbe affluent, la Saône, est une Loire renversée et, si j'ose dire, la tête aux pieds. Le couloir déterminé par leur cours sert aux communications du Midi avec le Nord, sur les pentes orientales du Massif Central. Il existe une analogie remarquable entre le Rhône et la Garonne : tous deux coulent au fond du plissement réservé entre ce massif et les hautes montagnes de la frontière, d'une part les Alpes, d'autre part les Pyrénées : ce sont des fleuves de création tardive, des fleuves de montagnes et de circonvallation et non des fleuves de dénivellation; ainsi tout est symétrique.

La civilisation étant née en Orient et ayant eu pour premier véhicule la Méditerranée, la France n'eût pas été France si le Rhône ne l'eût mise en relation directe avec ces régions privilégiées. C'est là l'office propre du noble fleuve. La France est un pays méditerranéen, la France parle une langue dérivée de la langue latine, la France participe à l'héritage du génie grec et du génie italien parce qu'elle a le Rhône. Sans le Rhône, sa face eût été tournée uniquement vers les froides brumes du Nord : c'est le Rhône qui insinue en elle, et jusqu'au fond du cœur, la lumière, la chaleur, la joie d'être sous le grand soleil vivant.

Le Rhône, né des Alpes, comme sa sœur la Garonne est née des Pyrénées, n'a pas non plus son berceau en territoire français. Les peuples rivaux de la France ont pensé qu'en retenant les sources, ils lui disputaient la vie. Il coule d'abord dans le Valais et se perd bientôt dans le lac Léman. Mais il en sort limpide et clair, déjà fleuve puissant, fleuve du Midi, fleuve français. Pour entrer en France, il force les derniers contreforts du Jura. Poursuivant sa marche de l'est à l'ouest, on dirait qu'il va couper la France par le milieu et se jeter dans la Loire pour se rendre à l'Océan. Mais les montagnes du Beaujolais l'arrêtent. Et puis, l'appoint énorme des eaux de la Saône qui le rejoignent alors, le poussent définitivement du nord au sud. Il fait un coude brusque et le voilà parti pour la Méditerranée.

LE COUDE DU RHONE A LYON. C'est à ce confluent que Lyon s'est élevé; Lyon qui est au Rhône ce que Toulouse est à la Garonne et Orléans à la Loire, Paris à la Seine; Lyon qui a pour port Marseille, comme Toulouse a pour port Bordeaux, et Paris, Le Havre; Lyon, grande ville fluviale, comme la plupart des métropoles françaises; Lyon qui veille sur la frontière du Sud-Est comme Paris sur la frontière du Nord-Est et Toulouse encore sur la frontière du Sud-Ouest.

LE RHONE, RIVIÈRE DES ALPES. Mais, une fois les deux rivières réunies, les choses vont d'un autre train. Le Rhône prend le galop. Il dévale avec une rapidité vertigineuse par l'étroit couloir qui lui est laissé entre les Alpes Dauphinoises et le Massif Central. Michelet a dit : « Il court comme un taureau furieux. » Accru encore par les redoutables rivières de montagnes que sont ses affluents, à droite l'Ardèche, à gauche l'Isère, la Drôme, la Durance, il se gonfle, devient un fleuve magnifique au cours vraiment splendide.

Ah! quel souvenir lumineux que celui de la descente du Rhône en bateau! Partout, sur les hauteurs, la figure des vieux châteaux et des ruines témoigne d'une superbe histoire; les belles et nobles villes du Midi naissent sur ses bords. Orange, Avignon, Nîmes, Tarascon, Arles et même Montpellier, même Marseille, lui sont une couronne incomparable. Mais, avant de rejoindre la mer, son cours s'est alourdi. Le poids des alluvions arrachées aux montagnes et qu'il a traînées, en son cours trop rapide, l'entrave et l'arrête : il se perd dans l'inhabitable Camargue et son embouchure n'est plus qu'une vaste lisière de marais et d'étangs.

LE RHONE A PIERRE-CHATEL

Le Rhône, avons-nous dit, est une Loire renversée : pour achever la loi de symétrie, le Rhin est un Rhône contraire et qui, avec les mêmes origines, au Saint-Gothard, s'en va vers les mers du Nord au lieu de gagner la mer méridionale. Ce sont deux histoires contrastées et trop souvent hostiles.

LES AFFLUENTS DU RHIN. Les affluents français du Rhin, la Meuse, la Moselle avec la Meurthe, suivent la même direction. Voisines de la Saône au départ, comme le Rhin l'est du Rhône, elles se serrent contre le bassin de la Seine, de Domremy-la-Pucelle à Givet, comme si elles voulaient rattacher les provinces qu'elles arrosent au territoire français; mais, à la fin, elles se détournent et rejoignent le Rhin qui reçoit ainsi les eaux nées en France; avec lui, elles finissent par se perdre dans les terrains sans pente où les eaux et le sol sont indécis, aux abords des mers septentrionales; de même l'Escaut, la Lys, dont les bassins forment comme une avancée française vers ces fortes et humides Belgiques.

LES PLAINES DU NORD ET LA FRONTIÈRE OUVERTE. La Somme, enfin, achève le contour et couvre, vers Saint-Quentin, la France par excellence : « l'Ile-de-France ». Le territoire reste sans défense sur cette frontière dangereuse qui, trop près de la capitale, est une porte pour les alternatives de l'histoire, porte ouverte sur l'inconnu, sur l'avenir.

Le Ciel de France

LE PAYSAGE FRANÇAIS. Du balcon que forme une de ces collines au dos arrondi, si nombreuses dans notre France, regardons le paysage. Il s'éclaire et s'anime, puis, tout à coup, s'éteint et se rembrunit. Il resplendit dans la joie de vivre, et se recouvre, soudain, d'un voile de deuil; tout change encore, et les larmes s'achèvent dans un sourire.

Sur l'horizon, des brumes lumineuses s'étalent, et l'on ne saurait dire si le soleil qu'elles atténuent va les absorber ou s'y perdre.

Une immense coupole d'azur translucide repose sur l'infini; une douceur profonde la pénètre et ne lui laisse que bien rarement la dureté d'un inexorable éclat. La voilà qui se peint et se décore de la forme mobile des nuages; ils montent interminablement de l'horizon, tantôt se groupant en édifices diaprés, tantôt s'allongeant et se développant en rideaux superposés qu'une main mystérieuse déplie sur la lumière du jour.

Le ciel de France est rarement un ciel serein, plus rarement encore un ciel opaque. Même dans les jours les plus sombres, on sent que le soleil est là, derrière, et, qu'à la moindre saute de vent, il nous prodiguera, de nouveau, la chaude caresse de ses rayons.

LE TEMPS DE FRANCE. Les proverbes de France sur le « temps » sont généralement optimistes et laissent de l'espoir au cultivateur ou au voyageur que la sévérité des heures ou des journées tristes alarme :

La pluie du matin
N'arrête pas le pèlerin.

Après la pluie, le beau temps.

Le mauvais temps ne peut pas toujours durer.

LA VALLÉE DE LA DIVES, EN NORMANDIE

C'est un temps de demoiselle,
Ni pluie, ni vent, ni soleil.

Ce temps, « le temps de demoiselle », c'est justement le temps de France.

Chaleur, froidure, sécheresse et humidité, cette cuisine délicate qui fait l'alternance des saisons est, d'ordinaire, si exactement dosée que le plus habile astronome ne ferait pas mieux. La température moyenne, en hiver, ne tombe pas au-dessous de 4 degrés centigrades, celle de l'été ne s'élève guère au delà de 19 degrés, c'est-à-dire que la santé de l'homme, le régime des plantes et des cultures ne sont, pour ainsi dire, jamais exposés à des rigueurs insupportables. Cet avantage, la France le doit, non seulement à sa situation à égale distance du pôle et de l'équateur, mais surtout à la forme même de son territoire et au voisinage presque immédiat de la mer et des montagnes.

LES MERS DE FRANCE. Les montagnes ont constitué le sol de France, mais c'est la mer surtout qui détermine le ciel de France. Aux bords de l'Océan, ne voit-on pas les eaux refléter la couleur du ciel, tour à tour d'argent ou de plomb, de lait ou d'encre, selon que la lumière est éclatante ou absente là-haut. Eh bien ! l'on pourrait dire que le ciel n'est, à son tour, que le miroir des eaux.

LES VENTS DE LA MER ET LE GULF-STREAM. La France étant située entre deux mers, sa vie aérienne reproduit les caprices changeants des flots qui l'environnent.

S'élevant de l'Océan, les vents de l'ouest poussent au-dessus des plaines françaises les nuées que l'évaporation pompe sans cesse sur la masse liquide. Le courant océanien, le Gulf-Stream, qui naît aux profondeurs du golfe du Mexique, est comme un fleuve maritime qui nous apporte les effluves de ces chaudes régions. Par contre, du pôle, au printemps, descendent les glaces flottantes, les icebergs, qui, en fondant plus ou moins lentement, refroidissent l'atmosphère et jettent, jusque sur nos côtes, les alternatives imprévues des printemps hâtifs ou retardés.

Le vent du sud-ouest et le vent du nord-ouest alternent aussi, atténuant ou exagérant le balancement des saisons. Les régions de la France qui avoisinent les côtes de l'Océan reçoivent, surtout, le bienfait de cette correction constante apportée aux températures trop rigoureuses. Si donc nous ne considérons que les plaines françaises descendant vers l'Océan, nous les voyons sans cesse parcourues par les vents tantôt froids, tantôt chauds, mais toujours humides et fécondants.

Phot. G. Jura.

CÔTE MÉDITERRANÉENNE : THÉOULE

LE CLIMAT MÉDITERRANÉEN. Le sud-est de la France seul a une autre orientation. La vallée du Rhône et les vallées adjacentes sont tournées vers la mer Méditerranée.

Placée plus près de l'équateur, celle-ci est une mer chaude et lumineuse, une mer que le soleil et le vent se disputent, une mer où les nuages sont moins nombreux et moins profonds, mais que le tourbillon des tempêtes balaye à coups terribles et brusques.

Subordonnée aux fantaisies de ce lac inconstant, la côte méridionale de la France reçoit tous les dons de la « Grande bleue », mais elle en subit les fantasques humeurs. Elle participe ainsi aux douceurs et aux rigueurs du climat africain. D'autre part, le long couloir que font la Saône et le Rhône détermine des courants d'airs imprévus, tombant des monts. Le mistral — le vent maître — ajoute ses virevoltes insupportables aux caprices de la mer, et dans les régions que les montagnes n'abritent pas, altère, trop souvent, le charme habituel d'une température privilégiée.

Donc, deux climats bien différents, et nettement caractérisés : l'un et l'autre sont dominés par la proximité des deux mers et influencés par la protection des montagnes.

En effet, de quelque côté que viennent les vents maritimes, ils finissent par se heurter à la muraille des chaînes de montagnes françaises, Massif Central, Vosges, Jura et Alpes, Pyrénées. Sur ce triple obstacle s'arrête et règne un souffle froid ; en outre, les vapeurs voyageuses, butant contre leurs parois, se condensent soit en pluies, soit en neiges. Ainsi se trouve déterminé un troisième climat français, le climat des altitudes.

LES PLUIES ET LES NEIGES. De même que l'on a pu déterminer, d'après le relief du sol, deux Frances orographiques : la France des montagnes et la France des plaines, de même on peut distinguer deux Frances climatériques, la France maritime, avec sa double face océanique et méditerranéenne et la France alpestre. La ligne des hivers plus froids englobe tout le centre de la France ; elle tourne, approximativement, autour du Massif Central, tantôt s'approchant davantage comme vers Orléans ou Valence, tantôt descendant presque jusqu'aux rivages de la mer comme vers la Rochelle ou Carcassonne.

Extérieurement à cette ligne, c'est la région des hivers plus doux, offrant, elle-même, deux ceintures concentriques, celle des pluies tièdes, occupant les bords de la mer, celles des pluies froides, plus voisines des sommets. Entre les deux, une vaste région intermédiaire plus sèche s'étend, voilée par les nuages rapides et changeants qui, galopant sans cesse de l'océan à la montagne, déterminent le caractère tempéré et nuancé du ciel et du climat français.

LA FRANCE, FILLE DU SOL, DES EAUX ET DU CIEL Sur un sol ainsi disposé et ainsi baigné, sous un climat ainsi réglé, le fait naturel et historique qui s'appelle France devait se produire. N'est-ce pas la terre, les eaux et le ciel qui font la floraison et la vie ?

Puisque le sol de la France est de composition géologique extrêmement variée, puisqu'il reçoit les effluves des deux mers et qu'il y jette ces infinis canaux de portage et d'arrosage que sont les fleuves et les rivières, puisqu'il présente une orientation constamment divergente,

DANS LES ALPES : LA NEIGE.
(D'après une photographie de M. Jean Lecomte.)

sous les influences alternativement fécondantes de l'océan et de la montagne, rien d'étonnant à ce qu'il ait vu se développer une nature spéciale, diverse et contrastée comme lui, une nature où se retrouvent des éléments tantôt solides et tantôt friables, où se reflètent les jeux successifs du soleil, de la pluie et du vent : la vie devait présenter sur cette terre, à l'extrémité de la terre européenne, le résumé des types et des variétés disséminés sur tout le vaste continent.

Nous avons dit deux orientations, celle du nord-ouest océanique et celle du sud-est méditerranéen ; nous avons dit deux régimes, celui des plaines et celui des montagnes ; nous avons dit deux climats, celui des altitudes et celui des rivages ; la fécondité et la plasticité de la flore et de la culture françaises viennent de là.

VARIÉTÉ DE LA FLORE FRANÇAISE. Le sol français (sans parler de celui des colonies) nourrit une végétation naturelle incomparable et se prête aux cultures les plus diverses et, en apparence, les plus opposées.

Si j'avais la boîte verte du botaniste, quelles conquêtes, soit que je grimpe aux sommets des montagnes, soit que je m'attarde aux sentiers fleuris des plaines cultivées !

Sur les hautes régions alpines, c'est la flore glaciaire, presque semblable à la flore polaire, avec la rare apparition du *ranunculus glacialis*, la timide percée des saxifrages de montagnes, du *cerastium* (oreille de souris) et de la quintefeuille des neiges !

Mais, un peu plus bas c'est, durant le court été alpestre, le tapis incomparable des floraisons diaprées, que le pied hésite à fouler sur la neige à peine fondue ; il faut renoncer à récolter les pavots, les renoncules, les anémones, les ellébores, les myrtilles, les daphnés, les gentianes, qui parsèment, de leur éclat innombrable, la vêture des herbages.

Plus bas encore, c'est la vraie flore française dans son infinie prodigalité. Il n'est pas un talus de route, pas une allée perdue sous les bois, pas une bordure de ruisseau, de marais ou d'étang qui ne soit une joie et un sourire dès que le soleil a percé les brumes de l'hiver : on voit, on devine partout, et jusque chez le moindre brin d'herbe, l'effort de toute la nature pour s'élever et se distinguer dans cette concurrence universelle pour la beauté.

LES SAISONS FRANÇAISES. Les couleurs, les parfums entrent en lice ; mais on dirait que l'éclat surtout grandit et s'affirme, au fur et à mesure que le soleil monte sur l'horizon, entraînant vers lui la poussée des splendeurs que la terre lui offre comme un hommage. Les brindilles et les bourgeons, les fleurs elles-mêmes gardent d'abord la couleur rousse du sol ; peu à peu, voici les demi-tons, mauves, roses, diaprés, les blancs même se risquent ; puis, en juin, juillet, août, quand le soleil règne, éclate la fanfare des rouges, des bleus intenses, des ocres ardents et des pourpres.

A l'automne, les dernières richesses végétales s'épanouissent avant de périr ; les fruits ont mûri, les grappes pendent aux pampres et offrent leurs globes mordorés et juteux ; les coques, les écailles, les cosses montrent leurs têtes, leurs cornes ou leurs croissants ligneux ; les feuilles jaunissent et tombent, la nature reprend son vêtement roux et elle abrite, sous la même uniformité boueuse de l'hiver, les germes délicats et les tendres rejetons réservés aux floraisons et aux récoltes futures.

Combien de pays de notre France mériteraient de s'appeler, comme le pays de Jeanne d'Arc, Vaucouleurs, le val des fleurs ! Souvenez-vous du mot de Jean-Jacques : « J'ai dit à ma femme : Quand tu me verras malade et sans espérance d'en revenir, fais-moi porter au milieu d'une prairie, sa vue me guérira. »

LES ARBRES DE FRANCE. Mais la beauté incomparable du paysage français ne serait pas achevée si le tapis des herbages et la fourrure des buissons ne trouvait son plein et entier développement dans la luxueuse tenture des forêts. La France est le pays des arbres. Les chênes des druides ont abrité les premières luttes de l'indépendance ; les ormes de Sully jalonnent nos routes et notre histoire.

Du fond des vieilles régions germaniques pénètrent en France, par la frontière de l'Est, les derniers débris de cette forêt d'Ardenne où se réfugièrent les quatre fils Aymon, et que Shakespeare a peuplé de ses créations fantasques. Le chêne y multiplie son tronc tordu et ses branches noueuses où la feuille d'or bruit et parle jusqu'aux derniers jours de l'hiver. Le blanc spectre du tremble s'inquiète frileusement auprès de lui. Dans les Vosges, le bataillon des sapins règne, étouffant toute végétation à ses pieds : chambre funéraire hérissée de cierges noirs où le tapis des aiguilles jaunies amortit le bruit des pas et où l'on n'entend, sous la voûte sonore, que la plainte éternelle de la cascade qui se lamente au loin.

LES FORÊTS FRANÇAISES. Sur les flancs des collines, au sommet des plateaux crayeux, dans les vastes espaces qui protègent les marches des provinces et les territoires de chasse, voici la forêt française par excellence, forêt de Cuise, où s'attardèrent si longtemps les tribus mystérieuses des charbonniers, forêt de Compiègne, forêt de Fontainebleau, grands bois du Maine, du Poitou, de la Basse-Bretagne, forêt de Marchenoir, forêt de Brancôme en Angoumois.

Au Limousin et au Berry, au Morvan, les admirables châtaigniers que la rapacité des destructeurs modernes raréfie si cruellement.

Que n'entendent-ils la magnifique imprécation de Ronsard :

Escoute, Bûcheron, arreste un peu le bras ;
Ce ne sont pas des bois que tu jettes à bas ;
Ne vois-tu pas le sang, lequel desgoute à force,
Des Nymphes qui vivoient dessous la rude escorce ?...
Forest, haute maison des oiseaux bocagers,
Plus le cerf solitaire et les chevreuls légers
Ne paîtront sous ton ombre ; et ta verte crinière
Plus du soleil d'été ne rompra la lumière...
Tout deviendra muet, Echo sera sans voix,
Tu deviendras campagne et au lieu de tes bois,
Dont l'ombrage incertain lentement se remue,
Tu sentiras le soc, le coutre et la charrue :
Tu perdras ton silence et, haletans d'effroy,
Ni satires ni pans ne viendront plus chez toy !

Plus au sud, dans la zone méditerranéenne, les forêts des Maures et de l'Esterel, forêts de chênes verts, de pins sylvestres, le mûrier, le pin des Alpes, le caroubier, l'eucalyptus et, de place en place, comme un clocher naturel, la flèche aiguë du cyprès.

Et je n'ai pas dit les hêtres de Normandie, les pineraies de la Sologne et de la Champagne, les infinis alignements de peupliers qui ne laissent pas un ruisseau sans ombre, les étages sylvestres des Pyrénées, les admirables pins maritimes qui, soit dans les Landes, soit sur les bords de la Méditerranée, arrondissent la grâce de leurs coupoles incomparables, le palmier qui annonce l'Afrique, l'oranger, l'olivier et le laurier où chante encore la gloire des civilisations antiques.

Les arbres des forêts entretiennent, sur la terre française, la grandeur des souvenirs antiques et la fraîcheur des ombres mystérieuses.

Aimons les arbres des grands bois ; mais adorons Pomone, Flore et Pan, les dieux et les déesses des jardins. Les vergers, les clos, les potagers, les vignobles où surgissent la tuile ou le chaume des patelins, des guérites, des bastides et des mas. Ah ! c'est vraiment là que bat le cœur de la France. Quel Français ne garde, comme l'espoir suprême de son rêve, le souvenir du joli coin de terre du pays natal où fleurit le rosier et qu'embaume le romarin ?

Pommiers de Normandie, pruniers de Picardie, poiriers de l'Orléanais, pêchers de France, cerisiers du Rhône, pruniers d'Agen, amandiers de la Provence, orangers et citronniers du comté de Nice, tous les fruits après toutes les fleurs, toutes les voluptés après toutes les grâces.

LES BONS PAYS DE FRANCE. Ciel, sol, eaux, faune et flore, voilà que tout concourt, s'harmonise et s'adapte pour jouer ces magnifiques symphonies naturelles qui font le renom traditionnel de nos provinces : Vosges vêtues de vert profond, aux champs étroits et noirs ; Franche-Comté aux vallées de « Beurre », s'avançant jusqu'aux succulentes provendes de la Bresse ; bords du Rhône où tremble l'alignement des peupliers, l'émail des cerisiers et la noire perruque des mûriers ; Provence splendide et riche, à peine voilée par l'ombre ténue des oliviers ; grasses paissances des Pyrénées se

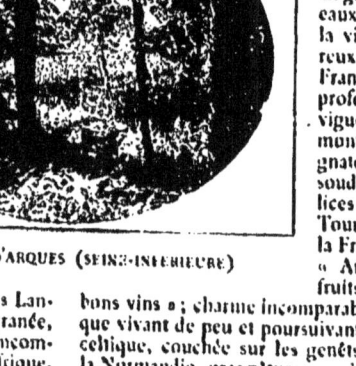

EN FORÊT D'ARQUES (SEINE-INFÉRIEURE)

mariant, en descente, aux crus généreux du Midi et du Bordelais ; coteaux de l'Armagnac, « champagne » de Cognac distillant les eaux-de-vie, fleur de la vigne et dangereux élixir du sol de France ; verdures profondes des puys, vigueur âpre des montagnes auvergnates se fondant soudain, dans les délices de la Limagne ; Touraine, « jardin de la France » ; Anjou, « Angevins, bons fruits, bons esprits, bons vins » ; charme incomparable de l'Armorique vivant de peu et poursuivant le vieux songe celtique, couchée sur les genêts ; puissance de la Normandie, gras pâturages, cidres mousseux, beurre en tartines, bêtes à cornes et chevaux de sang, — grasse et riche terre que la nature a tant gâtée si elle ne se gâte pas elle-même ; Picardie, Artois, Flandre, betteraves et froment, sillons profonds à pleins humus, toits noirs des grandes fermes et, partout, comme des troncs ébranchés, énormes, les hautes cheminées d'usines qui secouent dans le vent le panache noir des fumées ; Champagne ! Champagne ! où le vin casse la bouteille pour faire jaillir sur le monde le signal de la joie ; France enfin, Ile-de-France, où la Seine s'attarde et fait fleurir la rose de Provins, mûrir la pêche de Montreuil et pousser les petits pois de Clamart avant de venir baiser, de son flot vagabond, les quais sonores de notre grand Paris !

Les Hommes de France

Les Préhistoriques

RENNE GRAVÉ SUR UN OS

Sur une route, à la tombée du jour, par un temps agréable, deux hommes à bicyclette roulent côte à côte : un grand, le dos un peu voûté, moustache grise ; l'autre, un jeune homme, mince, petit, souple, pas de moustache du tout, — l'oncle et le neveu.

« Dépêchons-nous ; nous n'arriverons pas avant la nuit.

— Qu'est-ce que cela fait ? L'heure est si douce. On ne nous attend pas.

— Toi, tu n'es jamais pressé de rentrer ; tu coucherais à la belle étoile ; tu en as une âme de nomade !... Bon, c'est le cas de le dire, quand on parle du loup... voilà des romanichels arrêtés près du pont, avant la montée... un coup de pédale ; nous mettrons le pied à terre plus loin, à mi-côte.

— Tu n'aimes pas ces gens-là ?

— Ni ne les aime, ni ne les hais ; mais mieux vaut ne pas les voir de trop près, le soir.

— Ils ne me font pas peur.

— Je te dis que tu as une âme de nomade. Pour un rien, tu t'engagerais dans la troupe... Tu es jeune ; tu prendras de l'expérience plus tard et tu ne chercheras pas le danger inutile.

— Tu crois donc qu'il y a du danger ?

— Franchement, non, je ne le crois pas... surtout que nous sommes deux ; mais c'est comme une sorte d'instinct, une antipathie de races ; quand ils sont là, j'aime mieux être ailleurs.

— Tu dis : antipathie de races. D'où viennent-ils donc, ces gens-là, et qui sont-ils ? Est-ce vraiment une race différente de la nôtre ? Pourquoi passent-ils leur vie sur les grands chemins ? A leur rencontre, il se fait, en moi, une sorte de réveil lointain de choses que j'aurais vues et que j'aurais oubliées : on dirait, je ne sais, les hommes de la tente, les fils d'Abraham, les Phéniciens, enfin tous ceux dont on nous a raconté qu'ils ont commencé à se déplacer sur la terre avant que personne se soit mis en route. Il me semble qu'ils ont étamé des casseroles et volé des poules depuis que le monde est monde. Est-ce que c'est cela qu'on lit dans tes livres, rat de bibliothèque ?

— Si tu étais poli, d'abord...! Tu es bien heureux de les feuilleter, mes livres, en me feuilletant moi-même, et de pérorer après devant les dames, en te parant des plumes du paon. Un oncle c'est un cicerone donné par la nature.

— Ne te fâche pas et palabre ; tu en grilles d'envie !

— On sait que ces gens-là viennent de l'Orient ; on sait qu'ils sont nombreux en Roumanie, en Hongrie, en Bosnie. On les appelle Romanichels, Tziganes, Bohémiens ; eux se donnent les noms de *Rom* ou *Manusch*, ce qui veut dire *hommes*. On sait que, partout, ils passent pour des êtres sauvages, demi-rapaces, demi-sorciers ; leurs femmes prédisent l'avenir, lisent dans la main et dans le marc de café. On n'en sait pas beaucoup plus.

— Alors, ils ne sont pas de notre race ?

— Tu vois bien leur type, ce teint basané, ces cheveux noirs et frisés, ces yeux qui dardent des flammes, ce corps grêle, ces épaules étroites, ces mains toutes petites. Rien ne diffère davantage du bon Gaulois que nous sommes.

— Leurs femmes ne sont pas laides quand elles sont jeunes, et si elles étaient propres...

— Ce sont de dangereuses pestes. Quand ces gens-là passent dans un village, il faut fermer les poulaillers et ne pas laisser les bêtes au piquet.

— Alors, ils errent toujours ? Ils n'ont pas de pays ?

— Ce n'est pas tout à fait cela. Ils ont, en général, un lieu d'origine et un centre de ralliement, quelque part, dans les pays du Danube, des Balkans, dans le sud de la Russie. Ils y reviennent de temps en temps. Mais la vie errante est la nécessité de leur existence comme elle en est le plaisir. Il semble bien qu'ils aient toujours, comme on dit, « nomadisé ».

— Est-ce qu'ils sont originaires de ces pays du Danube ?

— Non ; ils viennent de plus loin. On croit que leur patrie est la patrie originaire de beaucoup d'Européens, c'est-à-dire les Indes. Leur langue, ou plutôt les divers dialectes qu'ils parlent, sont apparentés aux dialectes indiens. Ils seraient ainsi, tout de même, un peu nos parents, mais pas au premier degré ; ils ont eu le temps de jaunir en route.

— Ou nous avons eu le temps de blanchir...

— On leur attribue même un rôle qui serait bien considérable dans le développement des civilisations occidentales. On prétend qu'ils ont été les premiers fabricants ou, du moins, les premiers colporteurs des objets de métal. Tout à l'heure, tu ne croyais pas si bien dire quand tu te demandais s'ils avaient étamé des casseroles depuis que le monde est monde. Ce qui est certain, c'est que l'antiquité a connu des races spéciales de nomades, ouvriers des arts du feu et dont on rattachait les origines à Vulcain, le forgeron. On les appelait Cabires ou Sygiannes (ce dernier nom correspondant assez bien à celui de tziganes). Pour ne pas me perdre dans ces détails, d'ailleurs insuffisamment certains, on ne serait pas éloigné de voir, dans les Bohémiens ou Romanichels ou Tziganes, les derniers représentants des races qui **apportèrent, d'Asie en Europe, les premiers objets de bronze** et, notamment, les épées à petites poignées qu'on trouve dans les tombeaux et qui s'adaptent si bien à la petitesse de leurs mains.

— Tiens! Alors ces marchands de casseroles, avec leurs chevaux étiques, seraient des civilisateurs à leur façon.

— Tu l'as dit. Hérodote signale leur présence à Marseille avec de petits chevaux traînant de petites voitures et il dit que les Ligures, qui habitaient la Gaule méridionale, appelaient ces marchands ambulants : Sigynnes (Tziganes).

— C'étaient donc des Ligures qui habitaient l'ancienne Gaule ? Je croyais que c'étaient des Gaulois!

— Les Gaulois ou **Celtes** sont venus plus tard : il s'agit de temps beaucoup plus anciens.

— Tu devrais bien m'expliquer tout cela pendant que nous montons la côte sans nous presser. Le soleil est encore haut sur l'horizon : il est tout en cuivre étincelant, comme la marchandise de nos Bohémiens.

— C'est une histoire qui nous mènerait loin. Enfin, puisque tu le demandes, je vais essayer d'être clair... Tu n'es pas sans savoir que la terre antique n'était pas pareille à ce qu'elle est actuellement.

— Oui, la France était un archipel;... les Alpes et les Pyrénées ont été soulevées postérieurement..., je sais, je sais!

— Bon Dieu! quelle érudition! mais comme elle est de fraîche date, elle décolle... On pense donc que l'Espagne était alors rattachée à l'Afrique et c'est si vrai qu'il y a encore, à Gibraltar, une petite colonie de singes africains.

— Tiens! des singes en Europe. Je ne croyais pas qu'il y en eût, sauf au Jardin des plantes!

— Oui, des magots. Cette preuve, et bien d'autres, établissent le fait du rattachement ancien de l'Espagne à l'Afrique ; or, on a des raisons de penser, en même temps, qu'à une époque très reculée, l'Europe méridionale fut envahie par des populations qui d'Afrique passèrent en Espagne, et de là en Gaule ; on les appelle Ibères : c'étaient des petits hommes bruns, assez analogues, probablement, à ceux qui habitent encore les montagnes de l'Atlas et les sierras espagnoles ; ce sont peut-être les mêmes qui ont survécu dans la partie occidentale des Pyrénées, sur les deux versants, et que l'on appelle Basques. Ceux-ci parlent un langage dont on ne connaît pas d'analogue parmi les langues de l'Europe (sauf, peut-être, chez les Esquimaux, les Hongrois et les Frisons). Quoi qu'il en soit, ces Ibères, — venus d'Espagne, d'Afrique, on dit aussi de la fameuse île Atlantide qui aurait existé du côté des Canaries et qui se serait effondrée dans l'Océan, — ces Ibères sont les hommes nommés les premiers par l'histoire comme venus dans notre pays.

— Alors, nous sommes des Ibères ?

— Pas tout à fait, ou pas uniquement... Je te dis simplement que les Ibères sont les premiers dont on trouve la trace historiquement signalée dans une partie de la Gaule méridionale. Mais, quand ils vinrent, ils trouvèrent certainement le pays occupé. On découvre, dans les entrailles de la terre, certains vestiges laissés par des hommes plus anciens encore, des hommes venus on ne sait d'où, différents, en tous cas, de l'homme actuel, des hommes qui devaient avoir une physionomie plus simiesque, le corps plus incliné vers la terre, sans doute une taille plus grande et des membres plus robustes. Si tu allais à Menton, tu verrais, aux « roches rouges », des squelettes d'hommes ayant appartenu à ces races. Au musée de Saint-Germain, il y a aussi des squelettes, des crânes, des outils, des instruments, pour la plupart en pierre ou silex, ramassés de divers côtés...

— Ah! oui, ces espèces de cailloux taillés et pointus qu'on voit dans tous les musées et qui sont rangés avec des vieilles poteries, tous marqués de petites étiquettes... Ce que c'est ennuyeux, quand les parents vous font visiter cela, sous prétexte de vous amuser, les jours de sortie! Quoique je ne sois pas fou de peinture, j'aime encore mieux les salles où il y a des tableaux.

— Si tu étais plus instruit, cela t'intéresserait davantage ; tu pourrais reconstruire, par la pensée, la vie de ces anciens hommes qui furent les contemporains des grandes révolutions du globe, qui virent les glaciers descendus dans les vallées et qui virent se former les terrains d'alluvion. Ils vivaient côte à côte avec des animaux disparus : le grand cerf d'Islande, le mammouth, des espèces variées d'hippopotame et de rhinocéros, l'ours et l'hyène des cavernes, sans compter les animaux actuels : le loup, le renard, le sanglier, le chamois et même le cheval, mais celui-ci non dompté et courant en troupeaux dans les prairies et les brandes, comme dans la pampa.

— Ça ne devait pas être drôle de vivre en ce temps-là.

— Et, pourtant, ces hommes anciens qui n'avaient comme armes et comme outils que

UNE CHASSE AU MAMMOUTH A L'ÉPOQUE GLACIAIRE
(Composition de Biron-Roger)

des bâtons et des cailloux emmanchés au bout, qui ne connaissaient pas l'agriculture — à supposer qu'ils eussent pu réunir des troupeaux de rennes — subissaient les plus effroyables caprices de la nature en état de transformation perpétuelle; ils vécurent, luttèrent, résistèrent, et nous leur devons d'avoir tracé les premiers sentiers et reconnu les premières vallées qui furent le berceau de notre douce France.

— Alors, allons-y d'une petite larme pour ces chers ancêtres!... mais, après?

— Je ne peux pas tout dire à la fois... Après, il y a eu l'homme des cavernes. As-tu déjà remarqué, dans les falaises qui avoisinent les fleuves et qui sont généralement blanches et crayeuses, des espèces de fentes ou de grottes qui se trouvent percées sur les parois à pic?

— Oui; j'ai vu cela. Dans un pays où j'ai été, il y a de ces grands trous où on abrite les animaux; même parfois de vieux paysans logent là-dedans; ça n'est pas luxueux : ils appellent cela des *creuttes* ou des *bores*.

— Eh bien, naturelles ou artificielles, ces grottes sont les logements des hommes de l'âge des cavernes. Dans le Périgord sont les plus belles, et celles-là nous mettent en présence d'une civilisation des plus curieuses et beaucoup plus avancée. Ce sont, probablement, des races nouvelles venues dans le pays, — je dis des races, car on en distingue plusieurs. Il en est dont les squelettes paraissent encore bien bruts; mais leurs œuvres sont déjà belles.

— Comment, leurs œuvres?

— Oui, c'étaient des sculpteurs et même des peintres.

— Ah! c'est un peu fort!

— Parfaitement, l'homme des cavernes était un très bon sculpteur et graveur, notamment sur os et sur ivoire. Il n'y a guère de musée archéologique qui ne possède, maintenant, des exemplaires tout à fait remarquables de cet art primitif : on trouve, sur des palmes ou des fragments de « bois » de rennes, sur des manches de poignard, sur des harpons, toute une décoration représentant, le plus souvent, des scènes de la vie de chasse et de la vie des pâturages à cette époque; on y voit figurés des hommes, des femmes, des animaux, dont plusieurs espèces ont disparu ou ont quitté nos régions, le renne, le bœuf aurochs, le mammouth, ce qui ne laisse aucun doute sur l'antiquité extraordinaire de ces débris, et on ne peut nier le fini, le goût, le charme même de ce travail antique. Nos aïeux des cavernes étaient à proprement parler des artistes.

— Tu dis qu'ils étaient même des peintres?

— Parfaitement; on a trouvé, d'abord à la grotte de la Mouthe, en Périgord, puis dans une série d'autres grottes, dans le Midi de la France, en Espagne, en Italie, des décorations gravées et peintes sur les parois des cavernes et représentant les mêmes scènes, les mêmes animaux, des huttes et, peut-être, des cérémonies religieuses. On a même de la peine à s'expliquer comment ils s'éclairaient pour exécuter et pour voir ces motifs dans ces trous sombres. J'ai vu, au sud de l'Algérie, sur les énormes falaises de Tiout, toute une scène immense, gravée, probablement à la pointe du silex, et faisant comme une fresque représentant la vie préhistorique, les hommes levant les bras vers le ciel, dans l'attitude de l'*orante*, au milieu des rhinocéros, des hippopotames, des éléphants et des gazelles. Tout le Sud-Oranais est plein de ces représentations, mais celles de Tiout sont les plus belles.

— Ça, c'est vraiment ahurissant!

— Puisque je te dis que je l'ai vu.

— Eh bien! Ça renverse toutes mes idées. Moi qui croyais que pour être peintre, sculpteur ou graveur, il fallait passer par l'École des Beaux-Arts.

— Il y avait peut-être des écoles des Beaux-Arts, en ce temps-là.

— Déjà des professeurs!

— Sérieusement, il semble bien que ces hommes appliqués et adroits, qui habitaient les cavernes, furent longtemps les possesseurs paisibles de nos contrées. J'ai suivi les cours d'un homme très savant, M. Alexandre Bertrand, conservateur du musée de Saint-Germain, qui disait que l'homme des cavernes représentait le type le plus remarquable du progrès dans l'humanité.

— En effet, de singe pour devenir sculpteur et peintre, il y a de la marge!

— Tu l'as dit.

— Mais je ne vois pas nos « Bohémiens » là-dedans.

— Juste, nous y sommes.

— Il est à croire que les hommes des cavernes vivaient tranquillement à l'ombre des hêtres en faisant paître leurs troupeaux de rennes et en buvant du lait recueilli par eux dans des poteries grossières, lorsqu'ils virent arriver des marchands étrangers, dont ils ne se méfiaient pas, porteurs d'objets véritablement merveilleux, — tel un colonisateur moderne chez les nègres du centre de l'Afrique. Ces marchands offrirent à vendre de la quincaillerie, des pendeloques, des aiguilles, et surtout des armes de métal, en un mot, mille objets précieux pour l'utilité et l'agrément de la vie et dont on n'avait pas la moindre idée auparavant. C'était l'apparition du bronze ou de l'airain dans nos contrées. Les fabricants de ces objets avaient trouvé le moyen de fondre le cuivre et, en l'associant à l'étain, de produire ces pacotilles avec lesquelles ils venaient tenter les hommes plus primitifs, en suivant les grandes voies du commerce, non sans s'inquiéter de ce qu'il y avait de bon à prendre autour d'eux.

— D'où venaient-ils donc ceux-là?

— Ah! voilà, on ne sait. Les uns disent qu'ils venaient du Danube, de la Scythie, du sud de la Russie, des bords de la mer Caspienne et les rattachent à ces Sigynnes et à ces

Cabires dont tous les anciens auteurs ont parlé comme de fabricants et de marchands d'objets en métal. Les autres seraient portés à croire qu'ils étaient originaires de la Norvège, de la Suède, peut-être d'un pays qui a été noyé depuis et qui se trouve actuellement recouvert par la mer du Nord : car les plus beaux objets de cuivre anté-historiques ont été trouvés dans ces régions. Les savants qui sont partisans de l'origine orientale, scythique ou asiatique, voient, dans nos « Bohémiens », les derniers descendants des anciens colporteurs de l'âge du bronze.

— Eh bien! tu vois qu'il ne faut pas les mépriser. Ils nous ont fait plus de bien que de mal. Comment s'y prendrait-on, sans eux, pour faire la cuisine?

— Ils n'ont pas fait que du bien... Une fois avertis de la richesse de nos gras pays, ils sont revenus en grand nombre, et, peu à peu, probablement à la suite d'événements tragiques et de guerres infinies, ils ont vaincu les hommes du silex, les ont détruits et réduits à l'esclavage, aidés probablement par quelque crise de la nature ; car, à un moment donné, l'homme des cavernes disparaît avec ses rennes, ses sculptures et sa vie pastorale et on trouve en terre et sur le sol les traces d'une autre civilisation, contemporaine des instruments de bronze et qui est peut-être contemporaine aussi des invasions venues par le sud, si elle n'est pas apportée par eux. Ces nouveaux venus sont peut-être les Ibères ou les Ligures, peut-être aussi leurs adversaires.

— C'est rudement compliqué.

— Oui, c'est compliqué : car il fallut des milliers d'années pour accomplir ces transformations ; peut-être dix mille ans, vingt mille ans...

— Mais, je croyais que le monde n'avait que six mille ans.

— L'histoire écrite ou traditionnelle représente au plus six mille ans, en effet. Mais, si on se reporte à l'apparition de l'homme sur la terre, il faut remonter beaucoup plus haut.

— C'est à devenir fou.

— Ne te démonte pas. Ecoute, plutôt, que je t'explique. Ce qui paraît le plus clair, dans tout cela, c'est que le territoire qui devint la France se trouvant placé à l'extrémité de la péninsule européenne, au point de jonction de ce continent et de l'Afrique, les invasions, venant tantôt du Nord et tantôt du Sud, tantôt de l'Est et tantôt de l'Ouest, se sont rencontrées et heurtées sur son territoire, qu'elles se sont combattues d'abord, puis, peu à peu, unies et fondues, soit par la conquête, soit par l'entente. C'est ce qui explique ces races si différentes qui se partagent la France, par exemple les blonds du Nord et les bruns du Midi. En effet, la France fut, de toute antiquité, le réceptacle et le point de fusion de tous les peuples qui circulèrent sur le vieux continent. Retiens bien cette définition : la France est un carrefour. Tu ne comprendras rien à l'histoire française si tu ne l'as toujours présente à l'esprit.

— C'est entendu, oncle Pierre ; la France est un carrefour. Je vais savoir cela comme je sais par toi : la France fut un archipel; les Alpes se sont soulevées tardivement, etc., etc., je n'oublie pas tes leçons. Ah! mais!

— Eh bien, tu vas voir comme cela s'éclaire. Les hommes contemporains de l'âge de bronze, probablement ceux venus d'Afrique, ont élevé les dolmens, les menhirs, en un mot ces pierres énormes arrangées en un ordre grossier que tu as vues quand tu es allé en Bretagne.

— Ah! oui! les alignements de Carnac, c'est vraiment impressionnant. Mais à quoi cela pouvait-il bien leur servir de se donner tant de peine pour soulever ces énormes blocs de pierre?

— On a pensé que c'étaient des tombeaux ; et, en effet, on retrouve presque toujours, sous ces monuments énigmatiques, des squelettes ou des traces d'anciennes sépultures, ou des armes, soit en silex, soit en bronze, des poteries, etc. On a même donné à cette civilisation, beaucoup moins fine et moins artistique que la précédente, mais plus robuste et plus éparse, un nom, provenant d'une des plus belles stations que l'on ait découvertes ; c'est la civilisation de Hallstatt, caractérisée par les monuments mégalithiques.

— On ne faisait donc qu'enterrer les morts en ce temps-là? Ce qu'il y en a, ce qu'il y en a en Bretagne de ces monuments! On dirait un cimetière!

— Précisément ; on pense que la Bretagne, située à l'extrémité du monde, car, en somme, au delà on ne voyait plus que l'Océan, on pense donc que la Bretagne fut considérée comme un lieu propice pour enterrer les morts, au moment du grand voyage. Plus tard, au moyen âge, on transportait de même les morts illustres de toutes les contrées de l'Europe aux Aliscamps ou Champs-Elysées auprès d'Arles. La Bretagne serait une vaste et formidable nécropole, se perdant dans la nuit des temps.

— Et alors, ce sont ceux-là qui sont les Gaulois ; car il faut pourtant bien qu'il y en ait eu des Gaulois en Gaule?

— J'y arrive. Les Gaulois succédèrent aux hommes des monuments mégalithiques et adoptèrent probablement certains de leurs usages. C'est toute une nouvelle histoire qui commence. Sur celle-là, nous sommes mieux renseignés... Mais, voilà le haut de la côte. Roulons, pour arriver avant la nuit close. Je t'expliquerai la suite une autre fois.

Les Hommes de France

Le Mélange des races

Dans une chambre d'auberge ; un jeune homme achève sa toilette ; un monsieur plus âgé, tout prêt à partir, est venu le rejoindre. L'ONCLE et LE NEVEU, déjà nommés.

« Eh bien ! Partons-nous, oui ou non?
— Avec le temps qu'il fait, ça ne presse pas.
— Tu as toujours de bonnes raisons pour ne pas te coucher et pour ne pas te lever.
— Voyons, il pleut des hallebardes !
L'ONCLE, *s'approchant de la fenêtre.* — Ma foi, tu as raison ; ça recommence. Une éclaircie m'avait donné quelque espoir ; mais c'est bien pris dans le bas, cette fois. En voilà pour la matinée. Il faisait si beau, hier soir !
— Tiens, regarde donc : une araignée !
« Araignée du matin, chagrin ! »
— Puisque tu cites des proverbes, il y a aussi : « La pluie du matin n'empêche pas le pèlerin. »
— D'où ça vient les proverbes, toi qui sais tout ?
— Ils remontent, sans doute, à l'époque où l'écriture étant peu ou pas connue, on confiait l'acquis de l'expérience humaine à la mémoire. Par la répétition de l'assonance ou de la rime, qui ramène la cadence, on aide le souvenir et on facilite son travail. L'habitude qu'on a, dans les écoles, de réciter des leçons en les rythmant vient de là. Si tu avais été en Algérie, tu aurais vu que, dans les écoles musulmanes, les *medersabs*, rien ne s'apprend que par une sorte de chant monotone. On dit que les Druides confiaient à la mémoire des enfants des poèmes infinis où se trouvaient exposées les traditions religieuses, historiques, scientifiques du temps. On se servait beaucoup plus de la mémoire autrefois qu'on ne le fait aujourd'hui.
— Les Druides... c'étaient les prêtres des Gaulois. Nous avons toujours une leçon en retard, oncle Pierre. Si tu veux la commencer, autant aujourd'hui qu'un autre jour. Il pleut, tu pleus ; ça se conjugue et j'aime mieux t'écouter que de rouler dehors sous la pluie.
— Je veux bien. Si je t'ennuie, tu le diras et nous irons faire un tour dans le village.
— Attends, que je m'assoie confortablement à cheval sur une chaise et que j'allume une cigarette. Maintenant, vas-y : mes oreilles ont soif.
— Nous avons donc reconnu, dans l'antiquité préhistorique, plusieurs âges consécutifs dont il est impossible d'établir la date d'apparition et de disparition. Peut-être l'homme existait-il dès l'époque tertiaire ; mais cela est douteux : en tous cas, il est installé dans nos régions dès les formations quaternaires. Il y a d'abord les hommes de l'âge de pierre, qui se classent en deux catégories : les plus anciens (époque paléolithique ou de la pierre taillée), les plus modernes, relativement (époque néolithique ou de la pierre polie). Vient ensuite l'époque du bronze que M. de Mortillet appelle Tsiganienne, et qui correspond à l'âge des dolmens et des mégalithes. Probablement, c'est aussi le temps des grandes invasions venues du midi, Ibères et Ligures.

Une autre invasion se produit, après des siècles, dans le sud de la France, sur les bords de la Méditerranée. Des navigateurs, partis de l'Asie Mineure et de la Syrie, les Phéniciens d'abord, mille ans avant notre ère, puis les Phocéens cinq siècles plus tard, fondent les ports qui s'échelonnent sur le golfe du Lion, depuis Monaco, dédié à Melkart ou Hercule, jusqu'à Nice (Niké la victoire), jusqu'à Marseille, jusqu'à Port-Vendres (Port de Vénus Astarté).

Ces faits sont très connus et on a dû t'enseigner, dans tes classes, qu'un navigateur marseillais, Pythéas, avait franchi le détroit de Gibraltar ou colonnes d'Hercule, avait navigué le long de l'Espagne, gagné la presqu'île de Bretagne, suivi la Manche, s'était engagé dans la mer du Nord et, ayant longé le Danemark actuel, avait reconnu les Teutons de la mer Baltique.

Ainsi, la Gaule entière était contournée par les navigateurs méditerranéens ; elle était reportée sur les vieux « guides de la mer » et « portulans » phéniciens, avant peut-être qu'elle n'ait été parcourue, de part en part, par les caravanes et les marchands suivant le cours du Rhône et celui de la Saône pour gagner la mer du Nord.

Imagine-toi les reconnaissances que font aujourd'hui nos expéditions militaires et maritimes en Afrique : c'est un peu le même procédé qui fut employé pour pénétrer la Gaule ancienne. Les escales fondées sur la côte servaient de pierre d'attente, comme nos propres établissements sur les rivages de nos futures possessions.

Il semblait que la Gaule était destinée à cette conquête méditerranéenne, lorsqu'un nouveau coup de balancier fut donné, et du nord vint une autre conquête.

— Ah! oui, « la France est un carrefour. »

— Parfaitement. On a cru, jusqu'ici, que ces hommes du nord venaient d'Asie par la vallée du Danube. Peut-être, si on remonte à un avenir extrêmement éloigné, mais la race de ces envahisseurs paraît s'être formée beaucoup plus près de nous. Déjà Européens, ils habitaient les côtes de la mer du Nord, depuis la Hollande actuelle jusqu'à la Baltique : ils sont des Germains, des Teutons ou, plus exactement, des Normands.

— Pourquoi ne restaient-ils pas chez eux? On ne peut donc jamais être tranquille?

— Les historiens antiques ont donné, de leur déplacement, plusieurs raisons : excès de la population, dissensions intestines, goût du changement et de l'aventure. Mais il semble bien qu'ils aient été chassés surtout de leur domicile maritime par l'envahissement des eaux sur les terres basses qu'ils habitaient. Quoi qu'il en soit, ils suivirent les rivages de la mer du Nord et ils occupèrent, par masses successives, les provinces septentrionales de la France actuelle jusqu'à la Loire et même au delà. Ceux-là, tu les connais, ce sont les Celtes ou Gaulois.

— Ah! nous y voilà!

— Oui! S'il est une description classique, c'est celle que les écrivains de l'antiquité nous ont laissée de ce peuple aventureux qui épouvanta, pendant des siècles, tout le bassin méditerranéen. Les Celtes avaient le corps de haute stature, le teint blanc, la barbe et les cheveux blonds ou roux, la physionomie farouche avec les yeux bleus ou verts et de grandes moustaches rousses pendant de chaque côté de la bouche. Ils se grandissaient encore en se coiffant d'un casque de métal, surmonté d'un cimier, avec museau de bête ou bec d'oiseau de proie, et accompagné de cornes d'élan, de buffle ou de cerf. Brandissant le grand sabre à un seul tranchant, de bronze d'abord et ensuite de fer, ils offraient un spectacle terrible quand leur horde se précipitait sur l'ennemi.

— Ce sont bien ces Gaulois qui, commandés par Brennus, ont pris Rome et tué les sénateurs assis sur leurs chaises curules?

— Oui, ce sont les mêmes. Tu connais les descriptions que l'on a faites de leurs mœurs et de leurs caractères et dont l'on a rapproché, depuis, certains traits du tempérament français actuel : leur hardiesse, leur impétuosité sur les champs de bataille, leur prompt découragement et leur versatilité. On signalait aussi leur emphase grandiloquente, leur aptitude à la parole, leur sens artistique, leur amour des récits et des contes, la facilité avec laquelle ils s'adaptaient aux coutumes et aux mœurs des peuples étrangers, et, s'il faut tout dire, leur goût pour les boissons fermentées, le vin, la bière ou cervoise, l'hydromel.

Les Gaulois habitaient à la fois la ville et la campagne, car ils aimaient la société des hommes et en même temps la chasse et les exercices violents. Leurs maisons étaient rondes, vastes, construites avec des troncs d'arbres, couvertes de chaume ou de claies. Les centres d'habitation un peu importants étaient clos de murs ou de palissades, et l'on retrouve sur le territoire français, maintenant qu'on y regarde de plus près, un nombre incroyable de points fortifiés, de châteaux, *oppida*, *castra*, castellets, castillons, qui prouvent que nos ancêtres n'entendaient pas se laisser envahir sans résistance. La Gaule était, à la lettre, hérissée de places fortes.

HABITATION GAULOISE
(Bas-relief du Musée du Louvre)

— César en sut quelque chose.

— Mais ils ne se contentaient pas de la défensive. Ils prirent l'offensive, et cela un peu partout, et sur toutes leurs frontières. Leurs bandes débordèrent sur l'Italie, sur le Danube, sur la Grèce, sur la Thrace, enfin sur l'Asie où ils fondèrent un État qui dura plusieurs siècles, la Galatie. Partout où ils survenaient, ils détruisaient les temples, réduisaient au silence les oracles, enlevaient les femmes et les filles après avoir massacré les hommes ou les avoir emmenés comme esclaves. Le monde antique tremble au bruit de leurs pas. L'imagination populaire se nourrit des légendes effrayantes ou émouvantes qu'inspire la « terreur gauloise ». Le cavalier gaulois, intimement uni à la bête puissante qu'il montait, apparut comme un type nouveau de beauté devant les yeux surpris de ces admirables connaisseurs en hommes qu'étaient les peuples du bassin méditerranéen. Les sculpteurs grecs se sont efforcés de saisir le caractère à la fois mâle et candide de cet ennemi qu'on ne savait que craindre sans pouvoir ni le mépriser ni l'aimer.

— Il me semble que les Méditerranéens se sont bien vengés par la suite.

— Oui. Nous approchons des temps où la

grandeur gauloise se heurta à la grandeur romaine. Le combat fut long, il dura plusieurs siècles. Mais, à la fin, comme tu le sais, les Romains l'emportèrent. César, dont tu viens de parler toi-même, battit Vercingétorix. La Gaule celtique devenait la Gaule romaine. C'était, une fois de plus, l'invasion par le sud qui refoulait l'invasion venue du nord; c'était un nouveau coup de balancier, une nouvelle alternative.

— Allons, vas-y, oncle Pierre : « La France est un carrefour ! »

— Je ne vais pas te répéter le récit bien connu de la conquête de la Gaule par César, de la résistance désespérée, mais mal concertée, que les habitants opposèrent aux légions romaines ; tu connais les exploits de Vercingétorix, son effort pour unir, en un seul faisceau, les résistances gauloises, sa défaite à Alésia et les victoires définitives de César, qui le portèrent jusqu'en Germanie, jusqu'en Angleterre. César fut un grand semeur de civilisation. Il changea la face du monde en changeant la face de l'Europe : c'est par lui que la civilisation méditerranéenne pénétra définitivement dans ces régions fertiles et puissantes qui devaient, à leur tour, conquérir l'univers.

La guerre est quelquefois, comme la paix, un puissant moyen de propagande. Les victoires de César ont ouvert l'intelligence gauloise aux admirables doctrines qui s'étaient élaborées en Asie, en Grèce, en Italie, et qui, au temps même de César et d'Auguste, aboutirent au christianisme.

— Dis-moi, qu'est-ce que le « camp de César » qu'il y a près de chez nous ? César est donc venu en cet endroit ?

— C'est possible ; comme il nous a laissé un récit exact de ses expéditions, qu'on appelle les *Commentaires*, il serait facile de savoir, en consultant cet ouvrage, s'il a réellement occupé ces régions ; mais il arrive très souvent que la tradition donne le nom de « camp de César » à des enceintes militaires qui ont servi aux légions romaines ou gallo-romaines, même longtemps après la mort du fameux Jules César. N'oublie pas que tous les empereurs qui ont succédé au premier empereur romain, c'est-à-dire Auguste, s'appelaient des *Césars*.

— Est-ce que les Romains ont tué ou asservi tous les Gaulois ?

— Penses-tu ? Bien au contraire. Ils ont pris en main la haute direction politique et militaire du pays par la supériorité de leur civilisation leur langue, leurs mœurs ; et même leur religion se sont imposés. Mais ils n'ont nullement détruit la race, ni même contrarié son développement. Ils y ont plutôt aidé. Entre les tendances initiales du peuple conquérant et du peuple conquis, il n'y avait pas de contradiction absolue ; dans les deux langues, il existait une certaine parenté. L'union s'est faite rapidement. En moins de trois siècles, on ne distinguait plus, en Gaule, les Gaulois et les Romains : tous étaient des Gallo-Romains.

Les Gaulois reçurent, comme tu le sais, le droit de cité à Rome. Plusieurs Gaulois furent empereurs. Le célèbre Julien, connu sous le nom de Julien l'Apostat, et qui serait plus justement nommé Julien le Philosophe, aimait la Gaule et avait une préférence marquée pour le séjour de Paris. La Gaule romaine prit un grand développement. Des villes nouvelles, Lyon, Paris, Autun, brillèrent d'un éclat déjà incomparable. Enfin, tout annonçait l'avenir magnifique qui devait être celui de la France.

CAVALIER GALLO-ROMAIN
(Restitution de Frémiet. Musée de Saint-Germain)

— C'était trop beau ; cela ne pouvait pas durer.

— Tu l'as dit. La décadence des mœurs et des institutions dans l'Empire romain eut pour résultat un affaiblissement général de l'activité et de l'énergie publiques. Les frontières furent mal défendues, les places fortes négligées ; Rome s'abîma sous le poids de sa propre domination, l'Empire se divisa d'abord en deux parties, avec deux capitales, Rome et Constantinople, et, finalement, il s'écroula. Ne l'oublie pas, mon neveu, les peuples, comme les hommes, ont besoin d'être forts pour être respectés, ils doivent être maîtres d'eux-mêmes pour que les autres ne deviennent pas leurs maîtres. Quand un animal est blessé, les autres le pillent et le mangent ; de même les nations. Il n'y a pas de phrase sur le pacifisme et l'humanitarisme qui empêche un vainqueur de dévorer un vaincu. Tu connais la fable du loup et de l'agneau :

— Eh ! je sais que de moi tu médis l'an passé.
— Comment l'aurais-je fait si je n'étais pas né,
Reprit l'agneau ; je tette encore ma mère.
— Si ce n'est toi, c'est donc ton frère.
— Je n'en ai point. — C'est donc quelqu'un des
  [tiens.
. . . .
Là-dessus, au fond des forêts,
Le loup l'emporte, et puis le mange,
Sans autre forme de procès.

C'est l'éternelle histoire, et il n'y a de surprenant que la niaiserie de l'agneau « qui tette encore sa mère » et qui croit qu'on peut opposer des raisons aux loups dévorants.

— Alors, c'est le tour de nos bons Gallo-Romains de se faire avaler ?

— Juste; et ils l'ont été par leurs frères, les Germains, autrement dit les Allemands. Ils avaient des origines communes, mais depuis longtemps oubliées. Pour des raisons analogues à celles qui avaient déterminé les premières invasions gauloises, les expéditions germaines se mirent en route à partir du IIIe siècle. Elles forcèrent le Rhin et occupèrent peu à peu la Gaule, l'Espagne, l'Italie, l'Afrique, enfin une grande partie du monde romain. Derrière, survinrent d'autres hordes : slaves, asiatiques, mongoles, comme celles d'Attila. La riche Gaule romaine passa, de nouveau, par des temps affreux. On eût dit que, cette fois, c'était fini. Il y eut une dislocation générale de la vie sociale et de la civilisation.

Pourtant, après plusieurs siècles de luttes acharnées entre les différents éléments en fusion, une sorte d'apaisement se fit : on commença à y voir clair. L'Empire romain avait succombé; les tentatives faites pour le reconstituer, même la plus heureuse et la plus illustre de toutes, celle de Charlemagne, échouèrent. Mais, parmi les débris du vaste Empire, de nouvelles nations étaient nées, et vivaient sous un régime plus voisin de la terre, le régime féodal.

En Gaule, une nation se distinguait déjà : celle qui, du nom d'un des peuples germains envahisseurs, avait reçu le nom de *France*. Ce nom était germanique; la famille des rois qui dominait cette formation nouvelle était germaine; mais le fond de la population, la langue, les mœurs, la religion restèrent, en somme, gallo-romains et méditerranéens. En un mot, un peuple nouveau, le peuple français, apparaissait comme le fils et l'héritier des populations tantôt septentrionales, tantôt méridionales, qui avaient successivement envahi le territoire où il allait grandir à son tour. La France devenait le point de contact et d'union de toutes les races et de toutes les civilisations européennes.

— Cette fois, c'est bien fini, après les invasions germaines il n'y a plus d'affaires; on va pouvoir respirer.

— Pas absolument. Un jour, je te montrerai l'histoire alternative se poursuivant à travers les siècles; je te rappellerai les Normands qui envahirent et occupèrent la Normandie et, par contre, les Maures ou Sarrasins qui poussèrent leurs excursions jusqu'à Poitiers et qui furent longtemps les maîtres de certaines partie de la France méridionale. Voilà encore des hommes qui, en s'installant, deviennent des « hommes de France ».

Nos origines sont si complexes ! Pour conserver son caractère, la France est obligée d'être toujours sur ses gardes; au moindre signe de défaillance, elle devient une proie, aussi, elle est dans la nécessité de sacrifier tout à son indépendance. En temps normal, elle est un carrefour; en temps de crise, elle est une place forte vite assiégée; si elle se relâche un seul instant, elle est perdue.

— En définitive, sommes-nous des Germains, des Gaulois, des Romains, des Ligures, des Aryens, des Tsiganes, des hommes des grosses pierres, ou des hommes des cavernes, quoi ?

— Eh bien, nous sommes de tout cela un peu. Les hommes de France sont des sangs mêlés. L'univers est plein de leurs parents... Tiens, tu vois ce gros monsieur qui traverse la rue : son teint brun, ses pommettes saillantes, ses yeux ronds et à fleur de tête... il a peut-être du sang de Mongol, à le voir, on croirait un descendant de quelque soldat d'Attila. L'homme des cavernes, il est là derrière son comptoir, dans la boutique en face, repassant ses additions; sous ses lunettes, ses arcades sourcilières saillantes lui donnent quelque ressemblance avec le crâne du Neanderthal.

— C'est très drôle ce que tu racontes là. Je ne m'étais jamais imaginé un employé des contributions indirectes sous la forme d'un préhistorique.

— Pourtant... Nos ancêtres sont, nécessairement, les hommes qui ont habité le sol, sans solution de continuité depuis des siècles, et on retrouve la trace de leur existence, de leur travail, de leur volonté, de leur « vouloir vivre », dans tout ce qui nous vient d'eux : langue, progrès matériel, mœurs, religions, aspirations, idéal et c'est pourquoi on dit que l'homme est « fonction de ses ancêtres », c'est-à-dire leur résultat, leur produit.

— La race de tous les Français se confond-elle dans ce même passé anonyme ?

— En gros, on distingue, en France, deux grandes divisions : les hommes du Midi et les hommes du Nord ; la Loire les sépare. Mais ils ne forment, maintenant, qu'une seule et même nation, parce qu'une longue histoire commune et une fraternité invincible les a réunis. Ayant souffert et prospéré ensemble, ils sont unis pour jamais et leur union, comme je te le disais tout à l'heure, fait la fusion de deux mondes...

Mais vois donc, le soleil luit; l'homme des cavernes a quitté son comptoir et ses gros yeux d'antédiluvien considèrent le temps avec satisfaction. Allons vite, mangeons un morceau, et en route... Il faut, maintenant, rattraper le temps perdu et jouir du beau ciel de France, — le même qui encourageait nos ancêtres nomades, quand, comme nous, ils parcouraient le pays en quête d'émotions et d'aventures, qui sont toujours pareilles et qui semblent toujours nouvelles aux voyageurs

La Patrie Française

SCEAU DE CHARLES IV LE BEL.

LE ROI TIENT D'UNE MAIN LE SCEPTRE ET DE L'AUTRE LA MAIN DE JUSTICE

Les peuples qui, en se groupant, ont formé la nation française, n'appartiennent nullement à une race homogène; comme dit le proverbe : « il en est qui viennent du nord, il en est qui viennent du midi. » Le territoire où la nation s'est développée offrait, il est vrai, des conditions naturelles favorables à l'unité; mais les hommes qui se rencontraient sur ce territoire, arrivant des quatre points cardinaux, s'ignorant complètement, étaient plutôt hostiles les uns aux autres, puisqu'ils s'étaient bousculés rudement pour se faire place en invasions successives. Leurs origines sont distinctes, leur aspect divers, leurs caractères différents.

DIVERSITÉ DES RACES FRANÇAISES. Voilà le Flamand, homme du Nord, grand, gros, blond, fortement charpenté, sage, industrieux et lent; il paraît n'avoir rien de commun avec le méridional, petit, noir, pétulant, subtil discoureur et profond politique.

Comment confondre un Breton et un Corse, un Lorrain et un Basque, un Lyonnais presque suisse, un Normand presque anglais? Et pourtant, tous ces hommes, de visages, de sentiments, et de caractères si distincts et si affirmés, se reconnaissent tous avec joie, avec enthousiasme, sous le nom générique de Français.

Parmi les Français d'aujourd'hui, ceux qui restent en France, ceux qui, comme on dit, ne sont jamais sortis de leur village, remarquent plutôt les différences que les analogies ; on les voit se critiquer amèrement les uns les autres, se reprocher leurs défauts, leurs ridicules, leurs faiblesses, avec une persistance qui paraît fille d'une rancune éternelle. On ne sait pourquoi ils sont si sévères : puisqu'ils voudraient les autres tellement parfaits, qu'ils commenceraient donc par s'amender tous les premiers !...

RIVALITÉS ENTRE LES PROVINCES. Les proverbes circulent et enveniment les traditionnelles séparations : « Parisiens, têtes de chiens... Guépins d'Orléans... Normands qui ne disent ni oui ni non... Quatre-vingt-dix-neuf moutons et un Champenois font cent bêtes... Picard, ta maison brûle. — Quéque ça m'fait ; j'ai l'clé dans m'poque. »

Mais ces mêmes hommes, de langage si âpre et si acéré, s'ils se retrouvent en pays étranger, se rapprochent, se groupent, arborent les trois couleurs dans les cérémonies publiques, frissonnent aux premiers accents de la *Marseillaise* et se réunissent pour parler, les larmes aux yeux, de la « douce France ». Le bannissement est considéré comme le plus grave des châtiments après la peine de mort, et ceux qui sont exilés n'ont qu'un rêve : revenir mourir sous le ciel qui les a vus naître.

UNITÉ DES CŒURS. Comment cette union indestructible, cette unité des esprits et des cœurs a-t-elle pu se former ? Comment, entre tous ces hommes si différents l'un de l'autre et parfois si hostiles l'un pour l'autre, a-t-il pu se créer un contact si intime, une solidarité si étroite ? C'est ce que l'histoire nous raconte ; l'histoire de France expose les titres de la parenté française : mais, cette histoire, il faut la bien comprendre.

On croit, généralement, que l'histoire d'un pays, c'est une liste de dates et de faits, fastidieux dans leur glaciale énumération, n'intéressant que peu l'esprit et nullement le cœur. La connaissance de l'histoire ne serait donc qu'une affaire de mémoire et, quand quelqu'un sait bien « les dates des rois », comme on dit, il est réputé « fort en histoire » même s'il n'a jamais été ému par les lointaines et touchantes intimités françaises.

Il faudrait substituer à ces exposés trop indifférents des récits plus vifs et plus animés, comme ceux d'un voyageur qui, au retour d'un long voyage, tient son auditoire suspendu à ses lèvres et fait passer ses émotions dans l'âme de ceux qui l'écoutent.

LA VÉRITABLE HISTOIRE. L'histoire d'un pays n'est — et ne doit être dans son enseignement — rien autre chose que le souvenir des péripéties du long voyage d'une même famille, d'une antique famille qui survit à toutes les autres et qui les embrasse toutes. Il ne s'agit pas seulement de connaître des listes de noms; il faut essayer de saisir le lien des âmes.

Tous ces hommes, d'origines si différentes, sont devenus des frères; ils tiennent l'un à l'autre par une vocation plus forte que leur propre volonté et à laquelle ils ne peuvent renoncer, même s'ils voulaient l'oublier : car on n'arrache pas les fibres de son être.

Comment donc cela s'est-il fait ? C'est à cette question que doit répondre la véritable histoire de France, l'histoire de la patrie française.

LES CINQ FRANCE RIVALES. Au moment où l'histoire de la Gaule finit et où commence l'histoire de France, il y avait, sur le territoire borné par le Rhin, les Alpes, la Méditerranée, les Pyrénées et l'Océan, cinq dominations séparées, cinq empires distincts reproduisant chacun les traits des diverses invasions qui s'étaient rencontrées dans ce cirque si parfaitement délimité. Les Romains, venus du midi, possédaient encore la région dont Paris était le centre avec Reims, Troyes, Châlons-sur-Marne, Beauvais. Les Francs, venus d'Allemagne, pénétraient en coin par la frontière du nord-est ; appuyés sur le Rhin et sur les fleuves belges, ils avaient Cologne, Coblentz, Tournai, Thérouanne, Cambrai.

Les Burgondes, autres Germains, s'étendaient du Rhin et des Alpes jusqu'au Rhône, avec Dijon, Autun, Lyon, Vienne, Grenoble, Sisteron, Orange. Les Wisigoths et les Ostrogoths occupaient tout le Midi, c'est-à-dire l'Aquitaine, la Narbonnaise et la province d'Arles. Les Bretons ou confédération armoricaine, représentants des anciennes populations celtiques, avaient reconquis leur indépendance dans la péninsule de Bretagne jusqu'à la Mayenne.

Parmi tous ces peuples, il s'agissait de savoir quel serait celui qui l'emporterait, lequel aurait l'autorité nécessaire pour imposer aux autres ses vues, ses intérêts, sa langue, sa conception de l'existence commune, c'est-à-dire nationale. La France deviendrait-elle celtique, romaine, gasconne ou germanique ?

Elle devait être un peu tout cela à la fois, avec une certaine prééminence d'un des peuples, que les autres accepteraient, avec une direction initiale et continue de l'une des régions sur les autres, cette direction étant considérée, d'un commun accord, comme la plus nécessaire, la plus opportune, la plus adroite et la plus forte.

LA FRANCE DES PARISII. Ce peuple élu, ce peuple choisi, choisi par les lois éternelles qui président aux destinées de l'humanité, indiqué par les convenances géographiques, ethnographiques, économiques, désigné enfin par l'adhésion successive de ceux qui auraient pu entrer en concurrence, ce fut le peuple qui habitait sur les bords de la Seine, à proximité de la trouée belge et de la ligne du Rhin, peuple dont le fond était formé par les *Parisii* de Lutèce, mais qui réunissait les divers éléments venus du nord et du midi, rapprochés dans cette admirable campagne que crée le fleuve aux sinueux détours.

Le rôle spécial de la génération qui eut pour roi le Franc Clovis, fut précisément d'entrevoir ces hautes destinées et d'unir, en un mariage désormais indissoluble, l'élite des envahisseurs germains avec les derniers Gallo-Romains tenant bon sur ce point prédestiné.

En acceptant, avec la religion chrétienne qui était celle de ces Gallo-Romains, leurs mœurs, leur langue, leurs coutumes, elle orienta vers la civilisation latine les rudes soldats sortis des forêts et des marécages de la Germanie. L'anecdote du vase de Soissons est un symbole : le grand chef des Francs était décidé à faire respecter les monuments de la civilisation antérieure. Ainsi se produisit, par l'union des vainqueurs et des vaincus, un noyau, une formation centrale, héritière du passé et initiatrice de l'avenir. Et cette formation s'appela d'un nom nouveau et extrêmement significatif : France, Ile-de-France !

LES FRANCS DE CLOVIS. Les victoires de Clovis tracèrent comme une esquisse de la future domination française, en la poussant presque jusqu'aux limites de l'ancienne Gaule, sauf la Bourgogne ; il dégagea ainsi, de la traditionnelle hégémonie romaine, la première notion d'un *peuple français*. Désormais, ce peuple apparut comme une nation à part ; mais ni le pays, ni le peuple lui-même n'étaient encore prêts pour l'unité. Sous les successeurs de Clovis, la Gaule franque fut de nouveau démembrée.

La génération qui eut à sa tête la famille des Carlovingiens, et dont le représentant le plus illustre fut Charlemagne, conçut un autre dessein. S'appuyant sur l'hégémonie chrétienne qui commençait à s'affirmer autour du pape de Rome, elle prétendit reconstituer le vieil empire romain occidental en lui apportant un puissant appoint de territoires et de populations germaniques. On eût voulu, en quelque sorte, infuser des forces nouvelles dans l'ancien corps en déliquescence.

L'EMPIRE DE CHARLEMAGNE. L'empire carlovingien s'étendit, un moment, de la mer Baltique et de la Drave jusqu'à l'Océan et à la Méditerranée avec les péninsules italienne et ibérique. La France, l'ancienne Gaule était englobée dans ce grand tout, et elle restait son centre naturel.

Une tentative si colossale dépassait de beaucoup les ressources et les possibilités de cette époque. L'empire de Charlemagne se disloqua comme s'étaient disloqués auparavant l'empire romain et le royaume éphémère de Clovis. Il faut des siècles pour créer ce qui doit durer des siècles.

Après Charlemagne, la France se trouva donc brisée en morceaux comme une glace qu'on eût jetée par terre. Alors commença l'ère féodale, une des plus pénibles de l'histoire. Cette époque, rejoignant l'antiquité aux temps modernes, a été appelée le moyen âge.

LA FÉODALITÉ. La France était divisée alors en un grand nombre de petits États indépendants, hostiles les uns aux autres et, par conséquent, impuissants. Des pays, qui forment à peine un canton d'aujourd'hui, s'intitulaient principautés et prétendaient mener leur vie à part sans recourir à leurs voisins, ni à une autorité commune. Taupinières que le du passant foule sans abaisser leur entêtement orgueilleux.

Ceux qui, aujourd'hui, prétendent rejeter le lien national, ceux qui croient pouvoir vivre seuls, sans apporter à l'œuvre générale les sacrifices, d'ailleurs légers, qu'elle réclame, ceux-là n'ont qu'à relire l'histoire du moyen âge : ils verront ce qu'était la vie particulière, quand il n'y avait ni ordre, ni discipline, ni prévoyance communs.

Sur chaque motte de terre, une forteresse était élevée où s'enfermaient des hommes d'armes qui, sous la conduite d'un chef brutal, tenaient sous leur coupe tout le « plat pays ». On voit encore une image de ces temps affreux dans certaines régions de l'Afrique où les Touareg et d'autres peuples pillards exploitent les tribus paisibles des oasis et les soumettent à des razzias régulières pour profiter de leur travail et ramasser le plus clair de leurs récoltes.

Entre chaque petite principauté c'était, en outre une guerre perpétuelle ; les hommes étaient réquisitionnés pour renforcer ces minuscules armées employées presque exclusivement à la destruction ; ceux qui n'étaient pas soldats par goût, le devenaient par force, et le tout aboutissait, en fin de compte, à un continuel et constant pillage et brigandage.

Il n'y a pas lieu d'insister sur ce tableau souvent peint et repeint. Peut-être même a-t-il été parfois trop assombri. On ne peut nier que, dans cette société si disloquée et si troublée, il ne se soit produit des œuvres magnifiques, comme les premières cathédrales gothiques, qu'il n'ait même fleuri une certaine civilisation, surtout dans les villes qui avaient gardé quelque chose de l'empreinte romaine.

LE DONJON FÉODAL. Mais ce qui est certain aussi, c'est que les populations, surtout les populations rurales, trouvaient ce régime insupportable, et que la féodalité n'a guère eu pour résultats qu'une accumulation effroyable d'hostilité, de rancœur et de haine.

Quand le despotisme se fait sentir de près, quand il est exercé par des hommes qui ne sont que des voisins et des égaux, il est plus cruel et plus acharné peut-être que quand il plane sur de vastes régions et qu'il tombe de haut sur des populations le subissant pour obtenir de lui ce dont elles ont besoin par-dessus tout, c'est-à-dire la paix.

Tel fut l'état des esprits au moment où le moyen âge touchait à sa fin. Tout plutôt que de continuer à subir les tyrannies locales ; tout plutôt que le donjon sans cesse menaçant ; tout plutôt que l'union du seigneur laïc et du seigneur ecclésiastique pour l'exploitation du pays ; tout plutôt que le morcellement, la discorde, la guerre intestine sans but et sans fin. Ce que les populations voulaient maintenant, c'était une autorité assez puissante et assez régulière pour mettre un terme à cet état de choses insupportable.

CHARLEMAGNE
(D'après Albert Durer)

Et c'est pourquoi la royauté vit, à un moment donné, se tourner vers elle les vœux ardents du pays. Que lui demandait-on ? Constituer une France où il y eût place pour tous les Français.

Telle fut précisément l'œuvre de la dynastie des Capétiens, personnifiée surtout par les saint Louis, les Philippe le Bel, les Charles VII, les Louis XI, et ensuite les Bourbons depuis Henri IV.

LA ROYAUTÉ FRANÇAISE. La royauté française représenta, aux yeux du peuple, ce commandement, cette discipline, cette organisation nationale dont le pays avait besoin pour constituer un vaste territoire unifié et y faire régner l'ordre social. La royauté française fut un organisme indispensable aux temps où il parut, organisme dont les deux caractères principaux sont d'avoir été à la fois militaire et justicier : militaire pour la conquête et justicier pour la discipline. Aussi le roi de France tient, dans l'une de ses mains, l'épée, et dans l'autre la main de justice, c'est-à-dire qu'il exerce l'autorité dans la guerre et dans la paix.

Un chef à Paris, capable de réprimer les violences des seigneurs grands et petits répandus sur toute la superficie du territoire, tel fut l'appel qui s'éleva, enfin, du fond de toutes les provinces françaises, depuis la mer du Nord jusqu'aux Pyrénées, et c'est ce qui facilita singulièrement la conquête et l'organisation de la France par la royauté, puisque la France alla au-devant et mit elle-même, en quelque sorte, la main à l'œuvre.

Que l'on comprenne bien cela : le roi Capétien qui part de Paris pour envahir une province et tâcher de la tirer du chaos où elle se débat, n'est pas un ennemi venu du dehors : c'est, la plupart du temps, un libérateur. Les bourgeois des bonnes villes vont au-devant de lui et lui offrent les clefs des portes sur un coussin de velours. Dans presque tous les pays, il y a un parti royal, et c'est le parti populaire, irrité par la tyrannie aristocratique. Les peuples sont les alliés des rois, quand ceux-ci ne se présentent pas comme les alliés des seigneurs. Les provinces les plus reculées les demandent ; et il suffit qu'ils promettent de respecter les usages et les privilèges locaux pour que toute résistance tombe devant eux. Les seigneurs, malgré leurs forteresses, sont impuissants parce que la terre elle-même conspire contre eux : c'est dans ce sens qu'il est permis de dire que l'unité française fut surtout l'œuvre de la France.

L'UNITÉ FRANÇAISE ŒUVRE DE LA FRANCE. Qu'on suive, dans sa gestation laborieuse mais soutenue, l'entreprise à la fois militaire et pacifique qui porta peu à peu les limites du royaume de France jusqu'aux frontières actuelles : la France alla en « s'arrondissant » du centre aux extrémités, parce que de nouvelles couches nationales se déposaient sans cesse et spontanément sur le premier noyau résistant.

Dans l'ordre féodal, le suzerain était le chef suprême de tous les vassaux : c'est à la faveur de ce principe reconnu par tous que le roi de France se fit accepter comme le régulateur légitime de la vie publique, qu'il put appeler à sa barre les seigneurs et « réunir à sa couronne », comme on disait, les territoires sans maîtres ou dont les maîtres avaient abusé.

Cette entreprise des rois de France ne fut pas toujours exempte de fraudes, de dol et de violence ou de fourberie ; mais elle s'appuyait sur une idée juste, sur une nécessité inéluctable ; c'est pourquoi, grâce à la ténacité de la famille royale elle-même et grâce à la collaboration latente ou publique des peuples, elle finit par se réaliser.

On compte qu'il y avait en France, au moyen âge, une centaine de principautés indépendantes sous le nom de royaumes, duchés, comtés, seigneuries, etc., et ayant chacune leur gouvernement, leurs armées, leurs tribunaux, leurs lois, leurs coutumes, leur politique. C'est cet échiquier compliqué qui devait, en quatre siècles, être ramené à une seule et même nation, tout en se défendant contre les invasions qui, pendant ce même temps et le plus souvent à la faveur des guerres civiles, ne cessèrent de le menacer sur toutes les frontières.

Luttes intérieures contre les grands seigneurs féodaux, luttes extérieures contre les armées d'envahissement, contre les Anglais, contre les Allemands, contre les Espagnols, contre les Italiens, tels furent les devoirs complexes des siècles qui formèrent la nationalité française.

Partant du centre, on voulait atteindre les frontières de l'ancienne Gaule ; mais on trouvait en route les résistances seigneuriales et, sur les frontières mêmes, les agressions extérieures. Rien d'étonnant que l'œuvre ait été longue. Elle est accomplie, et il subsiste, malgré tout, une nation entière, sinon achevée — et c'est la France !

LA PATRIE FRANÇAISE. La patrie française a été voulue par ceux qui l'ont créée. Elle représente une longue et tenace collaboration des cœurs ; il n'est pas une famille qui n'ait versé son sang pour que cette union soit accomplie. Si nos ancêtres, si nos pères l'ont voulue ainsi, c'est qu'ils y ont trouvé leur avantage, leur plaisir et leur honneur. Qui songerait à se passer d'une patrie ?

De grands adolescents essayent de rompre avec la maison paternelle ; mais s'ils tentent une escapade, ils reviennent bien vite, morfondus. Qu'y a-t-il de plus chaud et de plus doux que le sein d'une mère ? Vous trouvez, dans ce giron, le repos, la confiance, le réconfort comme vous y avez trouvé, jeune, les caresses et le lait. Ainsi de la mère-patrie. La mère-patrie, ce n'est pas seulement le sol, le climat, les ressources matérielles, le bien-être indéfiniment accru par le travail des aïeux et des générations qui vont se transmettant l'œuvre du progrès, c'est surtout le bonheur qu'éprouve tout homme, tout cœur digne de ce nom, d'avoir à aimer quelque chose de plus grand que soi, de plus durable que soi, de plus noble que soi. La vie individuelle est courte et sèche comme une branche morte si elle ne reçoit pas la sève de cet arbre magnifique, florissant et verdoyant, porteur d'ombrage et porteur de fruits depuis des siècles et pour des siècles, la patrie.

Vivons donc de cette vie glorieuse et reposons-nous à cette ombre auguste. Quand l'heure de la mort sonne, celui qui a aimé la patrie ne meurt pas tout entier. Végéter sans patrie, c'est mourir de sécheresse, de stérilité et d'ennui.

Seriez-vous le prisonnier de votre orgueil et de votre outrecuidance que vous ne pourriez pas vivre seul. Alors ?... Aimez donc votre pays et votre famille, c'est bien plus simple : on n'a rien trouvé de mieux.

Aimez votre pays, surtout quand ce pays, cette grande famille s'appelle la France et que ceux qui l'habitent y jouissent, par la collaboration de la nature et de l'histoire, d'un climat sain, d'un ciel pur, d'une douceur de vie supérieure à celle de toute autre partie du monde, avec, au-dessus, le rayonnement splendide de la liberté.

Les Batailles Françaises

UN ARCHER ET UN ARBALÉTRIER
DU TEMPS DE LA GUERRE DE
CENT ANS.
(D'après une miniature.)

LE SOLDAT FRANÇAIS. Le Français n'a jamais hésité à accomplir le devoir militaire ; comme son aïeul, le Gaulois, il a toujours passé pour un excellent soldat qui ne boude pas, comme on dit, sur le service, et qui, au premier coup de tambour, accourt sous les drapeaux. Et il en fut ainsi de tous temps, parce que les générations successives ont compris que, dans la situation où leur pays est placé, gras, riche, fécond et prospère comme il l'est, ses habitants n'ont pas le choix et qu'ils doivent être ou forts ou esclaves.

Vous pouvez faire toutes les phrases et tous les discours que vous voudrez, la loi de l'histoire est telle : une bonne terre attire les envahisseurs comme le rayon de miel attire les guêpes. L'étendue de la planète est limitée ; le nombre des bonnes places est restreint. Il est en occupez une, c'est une usurpation. Défendez-la, sinon on vous en chassera.

En fait, le tableau de l'histoire de France est une suite ininterrompue de batailles. On ne voit, dans le recul du passé, que des gestes d'hommes, soit bardés de fer, soit vêtus, plus bravement encore, d'un simple uniforme d'étoffe, maniant la framée, la hache d'armes, la lance, la pique, la baïonnette, l'épée.

L'HISTOIRE BATAILLE. Supprimer « l'histoire bataille » de l'histoire de France, ce serait tellement la dénaturer qu'on ne la reconnaîtrait plus.

Cette forme d'existence nationale, séculairement guerrière, n'a pas été adoptée par suite d'un parti pris de violence ou de cruauté. Ce peuple n'est pas plus méchant que les autres ; il en est de bien plus rudes. Il n'a pas le goût du sang ; il est éminemment sociable et, dans sa vie courante, plutôt enclin à la douceur et aux égards mutuels. Il aime la justice : il a été le principal continuateur de la grande tradition romaine pour la consécration du droit.

Certes, il est fier ; précisément parce qu'il aime la justice, il est blessé par l'oppression, soit qu'il en souffre lui-même, soit qu'elle pèse sur les autres. Il a le sentiment très vif de l'honneur, c'est-à-dire qu'il préfère la mort à la honte, n'étant pas attaché à l'existence avec une passion telle qu'il cède tout à la crainte. Mais ses dispositions ne porteraient pas le Français à un état d'hostilité permanent contre les autres peuples de l'univers.

S'il a combattu, c'est qu'il y était poussé par une nécessité plus forte que sa propre volonté. Il ne pouvait naître, il ne pouvait être, il ne pouvait se développer et remplir sa destinée qu'en se battant : il s'est battu. Il s'est battu et il se battra encore, s'il le faut : voilà ce qu'il convient d'accepter comme le plus clair enseignement et la plus incontestable leçon du passé.

« La France est un carrefour » ; elle serait sans cesse piétinée par les passants, si sa population ne se dressait sur ses frontières comme sur des remparts, et si ses armées n'étaient comme des sentinelles vigilantes qui font signe à l'étranger de passer au large. Donc, la plupart des guerres françaises sont défensives, c'est ce qu'il est facile de prouver ; il faut ajouter, cependant, que, parfois, une sage défensive se transforme en offensive, soit au début des hostilités pour prévenir l'adversaire, soit à la fin pour l'écraser. Il est arrivé aussi que la France a été entraînée hors de ses limites par l'ambition de certains de ses chefs ou par l'esprit de prosélytisme qui lui a valu le nom de « soldat du droit ». C'est selon ces divers principes et motifs que se sont engagées les « batailles françaises ».

Défaites ou victoires, elles ont trempé le caractère français à la double épreuve des succès et des revers. Les batailles françaises sont, pour la plupart, des batailles de première nécessité. Énumérons :

Inutile de remonter au delà des temps où l'Empire romain s'écroulait. Après que toutes les nations germaniques successivement se sont installées sur ce sol ou l'ont traversé pour s'établir au delà, voici, à leur suite, venues d'Asie au v° siècle, les armées d'Attila.

ATTILA. Pouvait-on laisser ces hordes barbares s'abattre, comme un cyclone, sur le monde ? Fut-il jamais une bataille plus nécessaire et plus heureuse que celle des « Champs catalauniques » ?... C'est la première grande bataille française.

Mais voici que les Francs ont forcé les frontières de l'Empire. Clovis fonde le nouveau royaume et, à son tour, il assume la responsabilité des luttes contre les envahisseurs qui font irruption à la fois par le nord et par le midi : il écrase les Alamans à Tolbiac et les

Wisigoths de l'Aquitaine à Vouillé, c'est-à-dire qu'il fait tête des deux côtés à la fois.

Il en est ainsi de tous ses successeurs mérovingiens. A certains moments, comme vers la fin du VIᵉ siècle, ce ne sont pas seulement deux des frontières qui sont attaquées, mais toutes à la fois, — cas trop fréquent, hélas! dans l'histoire de France. Sous Childebert, guerre contre les Lombards d'Italie, contre les Wisigoths des Pyrénées, contre les Bretons de l'Armorique, contre les Allemands de Bavière, guerre partout. On se demande comment les chefs et les peuples peuvent suffire à la multiplicité de ces hostilités obscures d'où pourtant se dégagent et par lesquelles se martellent les premiers traits de la nationalité française.

La famille des Mérovingiens épuisée ne suffit plus à la tâche. Il faut des énergies nouvelles contre des agresseurs sans cesse renaissants. Maintenant, ce sont les Sarrasins sur la frontière des Pyrénées et les Normands tout le long des côtes et aux embouchures des grands fleuves.

LES SARRASINS. Charles Martel conquiert les galons de sa race en arrêtant les Sarrasins à la bataille de Poitiers (732) qui est comme un pendant de celle qui avait jadis arrêté Attila. Et ceux-ci, fallait-il donc les laisser passer pour que l'Europe devînt asiatique et subît cette déprimante conquête musulmane dont les tristes résultats n'apparurent que trop dans les pays où elle s'installa définitivement?

Charlemagne, « empereur à la barbe fleurie », achève le cycle de ces grandes batailles épiques. Roland, Olivier, les héros de son épopée, furent les plus illustres des *paladins*. Le paladin est le prototype du chevalier; c'est le soldat droit et loyal combattant pour la cause de l'idéal et du désintéressement. A-t-on diminué un peuple pour lui avoir apporté de tels exemples?

LES NORMANDS. Charlemagne eut raison de tous ses adversaires, et notamment du fameux saxon Witiking, mais non des Normands. Ces terribles pirates scandinaves pénétraient en France par toutes les voies fluviales ouvertes à leurs longues barques. Pendant un siècle (830-925) ils brûlèrent, pillèrent, saccagèrent la plupart des villes françaises, mirent le pays à feu et à sang. On eût bien voulu transiger avec eux; on leur payait des rançons formidables; mais ils revenaient toujours. On finit par leur céder la partie de la Neustrie qui, de leur nom, s'appela Normandie. Preuve que la faiblesse ne sert de rien et que si l'on n'est pas assez fort ou assez vaillant pour repousser l'ennemi, il faut se résigner à lui faire place et à subir son joug.

Les Carlovingiens ne se lavèrent pas de cette honte et ils furent balayés par un mouvement d'opinion qui, même dans ces siècles ignorants, sut parfaitement faire connaître sa puissance. Ni les soldats ni les peuples n'aiment le chef qui capitule, alors même qu'ils ont réclamé, à grands cris, la paix.

Une autre génération de guerriers se substitue à la dynastie des Carlovingiens, dès que ceux-ci eurent failli à leur devoir militaire. Voyez de quels qualificatifs méprisants on traite les derniers membres de cette famille dégénérée : le « Débonnaire », le « Bègue », le « Simple », le « Fainéant »; tandis que les bons soldats de la famille rivale sont appelés : le « Fort », le « Grand ». Ceux-ci sont, par excellence, les représentants de l'avenir. Ils sont « ducs de France », maîtres de Paris et d'Orléans, installés sur la Seine et sur la Loire : ce sont les Capétiens (987).

Par la faiblesse du dernier représentant de la famille précédente, par la division des héritages, par l'indiscipline et l'insolence des grands, « la France » n'était plus qu'une seigneurie égale ou inférieure à nombre de principautés féodales. Ses adversaires avaient beau jeu.

Il y avait, à cette époque, sur le sol de la France, tout autour de la pauvre royauté française, une série de puissances capables de l'emporter sur elle : la Bourgogne était un royaume; le comte de Champagne, le duc d'Aquitaine, le comte d'Anjou étaient de très grands personnages. Mais il y avait surtout la Normandie qui, du temps de Robert le Diable ou le Magnifique, était une redoutable partenaire.

La France allait-elle être subjuguée finalement par ces conquérants si proches et Paris serait-il subordonné à Rouen?

LES NORMANDS EN ANGLETERRE. On peut dire que la figure de l'histoire européenne faillit être transformée à cette époque : car, sur l'une et l'autre rive de la Manche, le sort des deux pays qui devaient être la France et l'Angleterre dépendait de l'autorité que la Normandie prendrait, soit dans l'île de la Grande-Bretagne, soit sur le continent.

Guillaume le Bâtard, bientôt nommé Guillaume le Conquérant, traversa la mer et remporta la victoire d'Hastings. L'Angleterre devenait, en somme, la première des colonies françaises. Ainsi il se faisait, dans ces régions que l'ancien monde avait ignorées, et dont le monde moderne allait dépendre, un mariage de races qui furent souvent, par la suite, concurrentes et ennemies, mais qui restèrent toujours animées, par leur rivalité même, d'une émulation féconde pour le bien de l'humanité. S'il y a, maintenant, sur la terre entière, une culture générale fille de la culture européenne et de la culture antique, c'est à l'expansion des Normands de France, c'est à la bataille d'Hastings qu'est dû ce magnifique résultat.

Mais la France elle-même pouvait devenir la victime de son propre succès. Cette grande domination si près d'elle, à ses portes, tenant à la gorge, par Rouen, sa capitale Paris, était un danger de mort. La colonie était de taille à

BATAILLE DE VALMY: " VIVE LA NATION ! "
(D'après une aquarelle d'Alfred Paris.)

Les Batailles Françaises

se subordonner la métropole. Heureusement, la famille des Capétiens eut plus de vigueur que les dynasties précédentes. Pendant huit ou dix générations, elle compta des chefs dignes de ce nom, se succédant de mâle en mâle, — tous soldats.

LUTTE CONTRE LA FÉODALITÉ. Louis le Gros, le premier, se sentit à l'étroit dans son « Ile-de-France », où sa capitale, Paris, était enserrée par tous ces sires insolents qui se prétendaient ses égaux. Il « débloqua » Paris; ce fut son rôle; et, en faisant sentir l'autorité du maître, il disposa si bien de l'opinion et du sentiment qui, dès lors, peut s'appeler national, que le pays entier se souleva dans un élan patriotique » quand l'empereur d'Allemagne, Henri V, essaya d'envahir la Champagne (1124). Ce fut, alors, la fin des invasions germaniques. Contre le danger venu de l'Est, la France désormais était unie.

Un grand événement s'était produit qui allait changer la face des choses et faciliter la tâche des Capétiens, tout en élargissant infiniment le rôle de la France dans le monde : la première croisade. Quelles furent les conséquences, au dehors, de ces guerres d'expansion et non de défense, c'est ce qui sera examiné par la suite. Mais, au dedans, elles facilitèrent beaucoup le travail de l'unité française : d'une part, en donnant aux Français l'occasion de se reconnaître au milieu de ces foules innombrables, d'apprécier, au cours de ces pérégrinations lointaines, leurs origines communes, leurs langues identiques ou analogues, leurs intérêts et leurs sentiments pareils; d'autre part, en permettant au roi de France de s'agrandir aux dépens de ses rivaux soit seigneuriaux, soit étrangers, tandis que ceux-ci couraient si loin l'aventure. A la fin des croisades, la France était esquissée, sinon achevée, dans sa forme moderne.

Mais il y avait une autre question à régler, c'était celle de la Normandie, disposant maintenant de toutes les forces d'outre-Manche.

GUERRE DE CENT ANS. Il fallut un siècle pour régler ce conflit qui a reçu le nom de guerre de Cent ans. Niera-t-on que ce soient des batailles défensives, celles qui, défaites ou victoires, tendaient à dégager la France de la redoutable étreinte anglo-normande, maîtresse à Rouen et à Bordeaux, c'est-à-dire sur toute la frontière maritime de la France? Un moment même, par l'alliance contractée entre la Bourgogne et l'Angleterre, la frontière du nord-est fut de nouveau hostile. Paris fut occupé par l'ennemi.

Crécy, Poitiers, Azincourt, Patay, Formigny, ces noms de batailles célèbres marquent les alternatives des revers et des succès. Du Guesclin, Olivier de Clisson, Boucicaut, Barbazan, La Hire, Xaintrailles, Richemont, Charles VII, et, au-dessus de tous, ce miracle de l'inspiration et de l'énergie françaises, Jeanne d'Arc, ces noms ne seront jamais oubliés. La France doit à ces héros la vie et l'honneur, l'exemple du dévouement et du désintéressement. Qui oserait renier ces gloires nationales, prototypes de tant de vertus ?

Louis XI fut un roi à la fois rude et matois, qui acheva, par la diplomatie et le calcul, ce que les armes avaient commencé. Sa physionomie de bourgeois réaliste et « gaigneur » clôt l'histoire du moyen âge.

Après lui, c'est la France moderne, c'est la Renaissance. Les premiers temps de cette ère nouvelle furent marqués par les guerres d'Italie.

LES GUERRES D'ITALIE. On peut se demander et on s'est demandé si ces guerres n'ont pas été plus funestes qu'utiles à la France. En fait, elles ne nous ont rien rapporté dans la péninsule, mais, en France même, elles ont provoqué incontestablement l'annexion des provinces du sud-est : la Provence, Arles, Avignon, Nice, la Savoie. D'autre part, elles ont écarté de l'Italie une double domination qui eût toujours été menaçante pour la France, celle des Allemands d'Autriche unis aux Espagnols. Le plus grand péril que puisse courir un pays c'est d'être entouré, sur toutes ses frontières à la fois, par un seul et même adversaire dont les mouvements coordonnés peuvent l'enlacer et l'écraser d'un seul coup. Cela faillit se produire au moment où la domination austro-espagnole ne fit plus qu'un empire, par l'héritage de Bourgogne, depuis les Flandres jusqu'à la Méditerranée. Ainsi s'expliquent les guerres d'Italie. La France enfonça ses armées comme un coin dans le cercle formidable qui l'entourait.

Tout à l'heure, elle luttait contre le Nord anglais : maintenant, elle se retourne vers le Midi espagnol, autre duel, et qui, celui-ci, depuis l'entrée de Charles VIII en Italie, jusqu'à la mort de Louis XIV, dura, non pas un siècle, mais plus de deux siècles; on pourrait l'appeler « la Guerre de deux cents ans ». Guerre en apparence offensive, mais en réalité défensive, par une nécessité urgente d'échapper au terrible enlacement.

LE PÉRIL ESPAGNOL. Ses principales alternatives et ses principales batailles sont Rapallo et Fornoue sous Charles VIII, Marignan et Pavie sous François Ier, Metz et Saint-Quentin sous Henri II. Les dissensions civiles compliquent encore une fois le péril extérieur. Les guerres de religion, comme jadis la défection de Bourgogne, mettent le pays à deux doigts de sa perte. Après les règnes malheureux des trois fils de Henri II, les armées espagnoles occupent Paris. Mais Henri IV qui, à l'heure du péril suprême, apparaît comme un autre Charles Martel ou un autre Charles V, décide du sort de la première phase de cette longue guerre par les victoires d'Arques et de Fontaine-Française, livrées, toutes deux, en territoire français pour le salut de la France.

ROCROY. Richelieu poursuit cette œuvre de la lutte contre la maison d'Espagne en préparant, par les succès de son allié, Gustave-Adolphe, la victoire de Rocroy. Les batailles antérieures avaient constitué la France ; Rocroy, en décidant du traité de Westphalie et de la paix des Pyrénées, crée l'Europe moderne, avec ses nationalités soigneusement limitées et complètement dégagées l'une de l'autre.

Le tort de Louis XIV fut, peut-être, de sortir du cadre que la France s'était tracé elle-même. Il faut remarquer toutefois que le grand duel contre la monarchie d'Espagne n'était pas arrivé à sa conclusion. La France, moins étroitement resserrée, n'en avait pas moins son indépendance toujours menacée, avec la frontière, à Cambrai, si proche de Paris.

L'œuvre du règne de Louis XIV, avec une dépense excessive de faste, de pompe, d'activité immodérée et d'orgueil, n'en fut pas moins la continuation du travail des siècles. A la fin de ce règne, la monarchie espagnole était abattue, le petit-fils de Louis XIV régnait à Madrid, la Flandre, l'Alsace, la Franche-Comté couvraient notre frontière de l'Est. Rocroy, Fribourg, Nordlingen, Palerme, Messine, La Hogue, Steinkerque, Malplaquet, Villaviciosa, Denain, ce sont les noms des batailles françaises à cette époque ; Guébriant, Turenne, Condé, Vendôme, Luxembourg, Catinat, Villars, Duquesne, Trouville, Jean Bart, ce sont les noms des soldats et des victorieux. Le siècle de Louis XIV fut un grand siècle, non seulement parce que la France fut belle alors, mais parce qu'elle fut brave.

LA FRANCE PRÉPONDÉRANTE EN EUROPE. La fin de l'ancien régime est une ère d'hésitation et d'incertitude. La situation de la France est prépondérante en Europe ; mais, à cause de cela, elle excite des animosités, des jalousies et des craintes. L'Angleterre profite de cet affaiblissement relatif de la France pour achever, au détriment de cette vieille rivale, la conquête du monde maritime et colonial.

La France tient tête de toutes parts : elle est victorieuse à Fontenoy, mais elle est vaincue à Rosbach ; elle va chercher une force à opposer à l'Angleterre jusqu'en Amérique et en aidant à l'indépendance de la jeune République des Etats-Unis, elle s'acquiert une gratitude efficace qui s'attache aux noms de Lafayette et de Rochambeau. L'ancien régime se clôt sur cette belle envolée de la France au delà des limites européennes, au moment même où elle achève, sur ses frontières continentales, le territoire national par l'annexion de la Lorraine.

LA RÉVOLUTION FRANÇAISE CONTRE L'EUROPE. Maintenant, ce sont les grandes batailles de la Révolution et de l'Empire, batailles défensives d'abord, expansives ensuite.

La France, qui veut être libre, lutte contre toute l'Europe monarchique. Valmy, Jemmapes, les lignes de Wissembourg, Fleurus, Kaiserslautern, Toulon, Arcole, Rivoli, Les Pyramides, Hohenlinden, Marengo, voilà pour la première phase de cette épopée incomparable, digne des vieilles chansons de geste et où s'illustrent Dumouriez, Jourdan, Hoche, Marceau, Carnot, Kléber, Moreau, Bonaparte. Celui-ci l'emporte. Marengo sacre le consul. En 1804, c'est l'empereur ! C'est l'empereur ; c'est le Dieu de la guerre. Par lui se répand en Europe, avec un éclat fulgurant, la splendeur du génie français et du génie latin. Nouveau César, nouveau Charlemagne, on dirait qu'il va fonder, avec sa dynastie, un monde. Mais ce monde, évoqué par sa main puissante, se lève contre la France. La France n'a pas le droit d'être trop éclatante, ni trop grande...

NAPOLÉON. Ulm, Austerlitz, Iéna, Eylau, Wagram, la Moskowa, la Bérésina trouvent leur rançon à Leipzig et à Waterloo. Le héros superbe et immodéré tombe et sa chute achève cette période étrange où la France avait provoqué l'admiration et l'effroi, l'amour et la haine de l'univers.

Le XIXe siècle fut un siècle pacifique. Il s'adonna aux grandes et fécondes découvertes de la science, de l'industrie et des arts. Sous les Bourbons de la branche aînée et de la branche cadette, la France se consacra également aux œuvres de la paix : si elle agit, c'est pour chercher au loin son expansion coloniale dans les pays nouveaux.

Après quarante ans de repos, le deuxième Empire, celui de Napoléon III, tente à nouveau la fortune du premier. Mêmes aspirations, même système, mêmes méthodes... et mêmes résultats ; mais, comme toutes les copies, moins frappante et moins heureuse que l'original : guerre, hégémonie européenne, victoires et défaites finales. Sébastopol et Solférino rendent à la France un arbitrage éphémère dans les affaires européennes et, en même temps, la complètent par l'annexion de Nice et de la Savoie. Mais Sedan et Metz détachent du corps français l'Alsace et la Lorraine. L'héritier du conquérant ne laisse à la France, pour héritage final, que le démembrement. Ainsi se termine, par des défaites sanglantes et par une nouvelle invasion, cette incomparable suite des « Batailles françaises ».

Est-ce fini ?... Tout le long passé militaire de la France, ces succès si divers et si disputés, ces rencontres si souvent indécises et ces victoires mêlées, pour ainsi dire, aux défaites, la lenteur des achèvements, acquis seulement par des siècles d'efforts, tout prouve que le dernier mot n'est pas dit. La France, soit pour se défendre, soit pour se reprendre, doit être toujours prête et, si les événements le réclament, elle le sera demain.

L'Expansion Française

NAVIRE NORMAND.
(Tapisserie de Bayeux.)

Un homme valide ne se contente pas de bien vivre et de s'engraisser, immobile au logis ; il faut qu'il bouge. Il a besoin de se remuer, de se dégourdir les jambes, d'aller voir les autres pour causer avec eux, apprendre d'eux quelque chose, échanger non seulement des objets, mais des idées, des sentiments. Il se déplace aussi pour occuper son activité, pour accroître ses ressources, étendre son domaine. La troupe humaine, organisée ou non, qu'on l'appelle horde ou nation, fait comme l'individu : un jour, les peuples se lèvent et vont voir ce qui se passe ailleurs.

L'AVENTURE. Les ancêtres des Français, les Gaulois, furent de grands coureurs d'aventures. Le monde ancien n'était pas assez vaste pour leurs expéditions vagabondes. Ne descendaient-ils pas de ces peuples instables qui, partant des steppes de l'Asie, avaient parcouru, dans tous les sens, le vieux continent ? Ce sang agité, ils le léguèrent à leurs descendants, et ce ne sont pas les autres races, survenues au cours des âges, qui apprirent aux premières l'immobilité. Si quelques tribus restent cachées et comme incrustées aux replis des montagnes et aux antractuosités des rivages, les autres n'aiment pas à se sentir enfermées dans ces étroits espaces. Le Français préfère trouver la terre, la mer, l'air libres devant lui.

LES PREMIÈRES COLONIES FRANÇAISES. Au retour d'un pèlerinage aux Lieux Saints, des chevaliers français, chercheurs d'aventures, furent appelés à l'aide par une ville d'Italie, Salerne, qui se défendait avec peine contre les Sarrasins : c'étaient les fils d'un gentilhomme normand, Tancrède de Hauteville : Guillaume Bras-de-fer, Onfroy et Dreu. Ils prêtèrent main forte comme on le leur demandait et partirent. Mais, ayant goûté le charme du pays, ils revinrent, s'installèrent et fondèrent une dynastie destinée à durer deux siècles (1016-1073) ; par elle, le nom, les mœurs et les arts de la France se répandirent dans la Sicile et l'Italie méridionale.

Palerme, Messine, Naples furent des villes françaises. Dans une cathédrale de Sicile, comme à Montreale, l'art gothique se marie au vieil art grec, à l'art arabe, à l'art byzantin. L'histoire des « Paladins de France » est encore populaire dans toute l'île. Les charrettes qui circulent dans les rues, les voitures de maraîchers et d'ambulants sont illustrées comme par des images d'Epinal. Et ce sont toujours les gloires de la France qui sont ainsi figurées : Roland, Olivier, Charlemagne, saint Louis, Jeanne d'Arc, Napoléon.

Telles sont les marques indélébiles, laissées parmi tant d'autres, sur ces premières terres « colonisées » par les Français. Pendant plusieurs siècles, la question italienne, sicilienne, napolitaine entra dans les préoccupations de la politique française, jusqu'au moment où les guerres d'Italie eurent lié étroitement les intérêts et les aspirations des deux peuples dans la même entreprise de civilisation qui s'appela Renaissance.

LES COURSES LOINTAINES. Ne croyez pas que les Normands, descendants des fameux rois de la mer, aient borné là leurs courses et leurs conquêtes. Dès le haut moyen âge, leurs navires fréquentaient les mers espagnoles et portugaises. Franchissant le détroit de Gibraltar, ils suivirent les côtes de l'Afrique, reconnurent les Açores, les Canaries, le cap Vert. On est assuré qu'ils fondèrent des comptoirs sur la Côte d'Or et sur la Côte d'Ivoire, là précisément où notre époque a développé de magnifiques colonies françaises ; et, — pour en appeler à un souvenir personnel, — quand j'ai eu à négocier les traités qui ont assuré nos droits sur ces régions, j'ai pu invoquer les titres y établissant l'existence, au xve siècle, des ports normands du *Petit Dieppe*, du *Grand Sestre* et du *Petit Paris*.

LA DÉCOUVERTE DE L'AMÉRIQUE. Ces navigations lointaines s'étendirent-elles plus loin encore et les Normands ont-ils découvert l'Amérique avant Christophe Colomb ? La chose n'est nullement impossible et elle présente même une grande vraisemblance. Les baleiniers normands ont rencontré des terres en naviguant vers l'Occident. En Acadie, on a retrouvé des restes d'une ancienne occupation chrétienne et, ce qui est plus significatif encore, le pilote Vincent Pinçon qui commandait la caravelle la *Pinta* dans l'expédition de Christophe Colomb appartenait, paraît-il, à une célèbre famille de navigateurs normands où s'était conservée probablement la tradition affirmant l'existence d'une terre de l'autre côté de l'Atlantique.

Ce qu'on ne peut nier, c'est la belle expédition de Jean de Béthencourt qui, en 1402, c'est-à-dire sous Charles VI, occupa les îles

Canaries au nom du roi de France et fut, quelque temps, vice-roi de cet archipel. Si la guerre de Cent ans interrompit le cours de ces exploits maritimes, ils ne cessèrent jamais complètement et, quand la découverte du cap de Bonne-Espérance par Vasco de Gama, celle de l'Amérique par le Génois Christophe Colomb, eurent ouvertes toutes grandes les nouvelles voies du monde, la France était prête à s'y engager.

Remarquez ce qui se produisit alors : jusqu'à cette date, la civilisation était, pour ainsi dire, confinée dans l'étroite enceinte de la Méditerranée. Toute l'antiquité avait vécu et s'était développée sur ses bords. Le moyen âge avait toujours son centre intellectuel et moral à Rome. Les ports de la Méditerranée, Barcelone, Marseille, Gênes, Pise, Venise, étaient les intermédiaires du commerce avec les pays de l'Orient. A l'époque de la Renaissance, l'éclosion de la civilisation moderne a encore pour foyer la péninsule italienne, héritière directe de la tradition byzantine.

LA CIVILISATION SUR L'OCÉAN ATLANTIQUE. Tout à coup, on apprend l'existence de terres immenses à l'opposé de cet Orient et de ces Indes tant convoitées. On apprend qu'au delà des mers il existe des archipels fabuleusement riches, des populations douces, occupant des territoires où l'exubérance des forces naturelles est telle que rien ne les épuisera ; on entend raconter, par les premiers voyageurs, les splendeurs de ces contrées dorées, leur immensité, la profondeur des forêts vierges, la grandeur des fleuves dormant sous les ombrages inexplorés, l'abondance et la richesse des mines, la facilité de vivre dans le plus étrange et le plus magnifique des spectacles.

Vous étonnerez-vous que ce monde d'aventuriers, ces fils des croisés et des chevaliers errants se précipitent vers la mer et mettent le cap sur ces terres mystérieuses et bénies du ciel ?

. . . .

De Palos de Moguer, routiers et capitaines
Partaient, ivres d'un rêve héroïque et brutal.

Ils allaient conquérir le fabuleux métal
Que Cipango mûrit dans ses mines lointaines,
Et les vents alizés inclinaient leurs antennes
Aux bords mystérieux du monde occidental.

Chaque soir, espérant des lendemains épiques,
L'azur phosphorescent de la mer des tropiques
Enchantait leur sommeil d'un mirage doré ;

Ou penchés à l'avant des blanches caravelles,
Ils regardaient monter, en un ciel ignoré,
Du fond de l'Océan des étoiles nouvelles.

J.-M. DE HEREDIA.

Ainsi l'océan Atlantique, « la mer occidentale, » vit courir sur ses eaux les flottes qui avaient jusqu'alors borné leurs courses aux étroits espaces méditerranéens. Le monde s'ouvrit avec des avenues plus larges, des risques plus étendus, des envolées plus prolongées et plus téméraires.

A ces fortunes nouvelles, il fallait des hommes nouveaux.

LES PEUPLES MODERNES. Or, sur les bords de l'Océan, en face, précisément, de ce continent surgi du fond de l'inconnu, s'étaient créés et développés par de longues luttes, épreuves des fortes énergies, des peuples tenaces, résistants, entreprenants : c'étaient, d'abord, les Espagnols et les Portugais, puis les Français, les Anglais, et, en arrière-plan, les Hollandais, les Allemands, tous riverains de l'océan Atlantique et des mers du Nord. Ils étaient prêts. L'Océan était leur domaine ; ils l'avaient fréquenté au cours de leurs expéditions vagabondes. Ils se lancèrent, tour à tour, dans la lice. Bientôt, ils occupèrent la terre de Christophe Colomb, ils y fondèrent de nouvelles nations, y créèrent des civilisations, filles de leur propre culture, et ainsi, ils prirent, à leur tour, la direction des grandes affaires humaines.

La Méditerranée fut délaissée. Les populations riveraines s'affaissèrent dans le dégoût et dans l'inertie. Peu s'en fallut qu'elles ne désertassent la lutte. Seul, un autre événement « mondial », dû au génie d'un Français, le percement du canal de Suez, sut, plus tard, les ramener à la vie.

Cependant, les populations atlantiques avaient pris leur essor ; le monde s'était, pour ainsi dire, retourné.

Dans ce changement de front, la France se trouvait encore présente, à son rang ; car, si elle était méditerranéenne par son passé, elle devenait « atlantique » pour son avenir. Constituée en une nation unifiée et riche, sortie victorieuse et plus énergique que jamais de la cruelle guerre de Cent ans, elle abordait, le cœur joyeux, les nouvelles tâches qui s'offraient à elle. Malheureusement la funeste coïncidence des guerres de religion la détournèrent, au moment où elle avait besoin de toutes ses forces pour entrer en concurrence, sur les mers, avec ses nombreux et entreprenants rivaux. Une sorte de fatalité veut que le démon des passions intérieures déchire trop souvent la France à l'heure où les circonstances et son propre génie l'appellent au dehors. Il en fut ainsi au XVIe siècle.

LES NAVIGATIONS FRANÇAISES. Voyez plutôt les dates. En 1503, le marin normand Binot Paulmier de Gonneville pénètre dans l'océan Atlantique et découvre le Brésil. En 1506, un autre Normand, Jean Denis, de Honfleur, atteint à Terre-Neuve. En 1529, Jean Parmentier débarque à Sumatra. Toute la côte africaine est explorée par ces hardis navigateurs. Le célèbre armateur Ango participe à presque toutes ces initiatives ; on colonise les Antilles

L'Expansion française

françaises. Enfin les efforts de la France et, en particulier, de la France maritime normande, se portent vers un pays qu'on peut appeler une Normandie transatlantique, le Canada. En 1534 eut lieu l'établissement, sur cette terre pleine d'avenir, du célèbre Malouin Jacques Cartier. Pour couronner l'œuvre et bien affirmer la volonté royale de prendre part au grand tournoi naval de l'Atlantique, François Ier fonde le port du Havre qui, placé à l'embouchure de la Seine, sera le véritable organe de l'énergie française dans cette lutte. François Ier, dans ses lettres patentes, déclare que, s'il établit cette ville en ce lieu, c'est, d'une part, en raison de la nécessité où est la France d'avoir un port « sur la mer Océane » et, d'autre part, pour offrir un abri sûr aux vaisseaux marchands naviguant sur cette mer.

CHAMPLAIN

EFFET LAMENTABLE DES DISCORDES CIVILES. Eh bien! malgré de tels efforts si parfaitement combinés, le succès est incertain et, tandis que l'Espagne, le Portugal, d'abord, puis l'Angleterre, la Hollande fondent partout des dominations durables, les comptoirs français ne présentent qu'une esquisse, une ébauche disséminée et comme émiettée sur tous les rivages de l'Asie, de l'Afrique, de l'Amérique. Ce sont des semences d'empire, mais ce n'est pas un empire.

Heureusement, par le ressort naturel à cette race, aux périodes d'abaissement succèdent soudain des périodes de relèvement. Richelieu a dit : « Le propre du caractère français c'est que, ne se tenant pas fermement au bien, il ne s'attache non plus au mal. » Il en fut ainsi, quand le règne de Henri IV eut mis fin aux guerres de religion et, sous le ministère de ce même Richelieu, la France, qui achevait son unité territoriale et affirmait sa prépondérance en Europe, reprenait, au loin, l'œuvre d'expansion et de colonisation.

CHAMPLAIN ET LE CANADA. La plus grande figure de notre histoire coloniale, dans le passé, est celle d'un contemporain de Richelieu, Champlain. Il fut le véritable fondateur du Canada et il avait conçu un plan aussi vaste que judicieux qui, en réunissant notre colonie de la Louisiane à celle du Canada par le Mississipi, eût assuré l'influence française sur l'immense contrée qui est devenue, maintenant, la République des États-Unis. Mais le gouvernement central, absorbé par la lutte contre la maison d'Espagne, ne put seconder ses efforts.

COLBERT. Cependant la volonté énergique de Richelieu sut assurer à nos colonies d'Afrique et d'Amérique un premier essor qu'acheva bientôt la vigilance de Colbert. Au cours des guerres qui désolèrent trop longtemps le règne de Louis XIV, Colbert seconda toujours le génie audacieux de nos « capitaines de la mer » et, à la fin du XVIIe siècle, la France avait acquis un empire colonial, un peu dispersé peut-être, mais qui n'en assurait pas moins des débouchés importants et une richesse croissante à notre pays, délivré ainsi de l'étroite prison européenne.

LE PREMIER EMPIRE COLONIAL FRANÇAIS. Le Sénégal, Sierra-Leone et la Côte d'Ivoire, l'île Bourbon (La Réunion) et l'île Maurice en Afrique, les établissements des Indes en Asie, ceux des Antilles, de la Guyane, la belle colonie de la Louisiane, et la colonie plus belle encore du Canada, tels furent les points où s'exercèrent dès lors, dans le monde, les aptitudes des Français à la colonisation. Si l'on pouvait raconter l'histoire de ces établissements, que d'actes de vaillance, d'abnégation, d'ingéniosité, d'héroïsme on y rencontrerait! Chaque motte de terre est acquise au prix d'une goutte de sang. La vie des Robinson Crusoé et des Robinson Suisse n'est qu'un faible décalque de ces existences héroïques et des premiers labeurs qui présidèrent à l'expansion sur ces terres lointaines, hostiles à l'immigrant.

Enfin, cette persévérance fut couronnée de succès. Vers le milieu du XVIIIe siècle, le commerce des colonies françaises, le « commerce des Iles », comme on disait alors, était en pleine prospérité. Le mirage de l'enrichissement par les colonies fut tel qu'un célèbre aventurier écossais, maître un moment des finances françaises, Law, appuya sur la prévision d'un développement plus grand encore, son fameux « système ». Il admettait, en somme, qu'un jour, les colonies subviendraient aux finances obérées de la mère-patrie.

IL S'ÉCROULE AU XVIIIe SIÈCLE. Il fallut en rabattre. Après un demi-siècle d'une magnifique efflorescence, les malheureuses guerres du règne de Louis XV saccagèrent un domaine si chèrement conquis. Ce fut alors que la France perdit les deux fleurons de sa couronne coloniale : le Canada, qu'on ne voulait plus considérer que comme de « mauvais arpents de neige », et surtout les Indes où s'étaient vainement prodigués le génie de Dupleix et la vaillance de La Bourdonnais.

COLBERT

Malgré tout, le « commerce des Iles » reprit, à la fin du XVIIIe siècle; et, à la veille de la Révolution, les colonies françaises enrichissaient la mère-patrie et présentaient, elles-mêmes, un spectacle de prospérité et de bonheur dont le tableau idyllique a été retracé dans le chef-d'œuvre de Bernardin de Saint-Pierre, *Paul et Virginie*, qui reste, en somme, le plus célèbre roman colonial de langue française.

Les guerres de la Révolution et de l'Empire retinrent toutes les forces de la France sur le continent européen. Quand la crise fut finie, la France avait vu sombrer sa grandeur maritime. De son ancienne domination lointaine, il ne restait plus que quelques postes perdus sur l'immensité des mers.

LA FRANCE RECONSTITUE SON EMPIRE COLONIAL AU XIX° SIÈCLE Mais le xix° siècle se remit à la tâche, et sa gloire principale sera certainement d'avoir reconstitué plus grand, plus vaste et plus harmonique, l'empire colonial qui affirme, désormais, la grandeur française sur tous les continents. En Afrique, l'expédition de 1830 et les longues guerres qui en furent la suite, conquièrent l'Algérie sur la race indomptable qui l'occupe. En Océanie, la Nouvelle-Calédonie et l'archipel de Tahiti reçoivent le drapeau français. En Asie, la Cochinchine est arrachée au royaume d'Annam par le traité de 1863. Telle est l'œuvre des trois dynasties qui se succèdent de 1815 à 1870.

FAUTE D'AMIS. JULES FERRY

Mais l'expansion coloniale prend son essor sous la troisième République; les fautes de l'ancienne monarchie sont réparées, les semences qu'elle a laissées négligemment sur le sol croissent et se développent. L'Algérie est complétée par l'occupation de la Tunisie. La modeste colonie de la Réunion se rattache la « grande terre » de Madagascar et les archipels environnants, les Comores, Mayotte, Nossi-Bé. Le simple poste d'Obock est remplacé par le port de Djibouti qui sert de passage au commerce de l'Abyssinie. La Nouvelle-Calédonie se complète par le condominium des Nouvelles-Hébrides; enfin, la Cochinchine s'étend, successivement, sur le Cambodge, sur l'Annam, sur le Tonkin jusqu'au Mékong; notre colonie asiatique peut désormais faire figure d'empire en cette encoignure de l'Asie, en face de l'isthme de Panama, en l'un des points les mieux situés de l'univers.

JULES FERRY. Mais, parmi ces résultats obtenus comme par miracle et qui furent dus à la ténacité de nos hommes d'Etat comme Jules Ferry, et à l'esprit d'initiative de nos soldats comme Bugeaud, Aumale, Faidherbe, Archinard, Galliéni, Dominé, Courbet, Duchesne, parmi ces résultats, le plus considérable à coup sûr, le plus complet, le plus achevé, celui qui promet le plus bel avenir à la survie du nom français, c'est l'achèvement du vaste empire africain, situé aux portes de la France et qui fait une terre française de toute la partie septentrionale et occidentale du continent noir.

L'EMPIRE AFRICAIN. S'ouvrant sur la Méditerranée par les deux portes de l'Algérie et de la Tunisie avec des ports comme Oran, Alger, Bizerte, Tunis, il s'accroît du Maroc, sauf la région méditerranéenne, reconnue à l'Espagne. De là, contournant la côte occidentale, il gagne l'Adrar, puis s'ouvre une autre porte par notre vieille colonie du Sénégal, avec ses annexes du Fouta-Djallon et la Casamance; deux autres portes sont réservées plus au sud, sur la côte de Guinée, par la côte d'Ivoire et par le Dahomey; enfin, l'ancienne colonie du Gabon, devenue la domination du Congo, offre une quatrième issue. Par l'intérieur, tous ces territoires se rejoignent, communiquent, ayant pour centre Tombouctou, arrosés par des fleuves magnifiques comme le Sénégal et le Niger, le Congo, la Sangha, l'Oubanghi; soumettant les populations les plus diverses, depuis les pasteurs arabes, les agriculteurs kabyles de l'Algérie et du Maroc, jusqu'aux caravaniers du Mossi et du Bornou et aux soldats du Soudan oriental.

Ainsi, une domination complète, bien harmonisée et solidement définie par les conventions qui la délimitent, portée sur le Niger par Binger, sur le Tchad par Lamy, jusqu'au Nil par Marchand, sur le Congo et l'Oubanghi par Brazza, sur l'Atlas par d'Amade, Lyautey, Monier, s'appuyant sur des établissements déjà anciens et éprouvés, recrutant, pour se défendre, ses propres soldats, — les plus vaillants et les plus disciplinés du monde, — offrant à l'exploitation toutes les richesses tropicales et équatoriales, faisant front, comme la mère-patrie elle-même, à la fois sur la mer Méditerranée et sur l'océan Atlantique, cette domination est le couronnement des longs efforts coloniaux qui forment une des plus persévérantes manifestations de l'activité française.

LES FRANCES NOUVELLES. Et si l'on demande quel est le but de ces efforts, quel sera, enfin, le résultat de ces entreprises, il suffit d'un seul mot pour répondre: créer sur ces terres éloignées de la France autant de *Frances nouvelles*, c'est-à-dire des pays où des Français prospéreront, où la race se développera, où se conserveront sa langue, ses mœurs, son génie, où sa richesse fructifiera, où son renom et sa gloire se perpétueront. Il faudrait avoir arraché de son cœur le seul idéal digne d'un homme, celui de se survivre à soi-même dans une œuvre de commune pérennité, pour ne pas s'enorgueillir de cette empreinte imposée au monde par les travaux de toutes ces générations de Français.

Les individus meurent, l'œuvre subsiste: la France reste une des cinq grandes puissances capables d'avoir pour champ d'action la planète entière.

La Propagande Française

SCEAU DE
GODEFROY DE BOUILLON
(Bulletin de l'Académie de Belgique.)

LA CHEVALERIE ET LES CROISADES. Un pays comme la France, qui a, non seulement une vie active, mais une âme, n'admet pas qu'il ait rempli toute sa destinée quand il a constitué son unité, arrondi son territoire, étendu au loin ses possessions. L'homme ne peut pas vivre seul; il veut aimer et être aimé; un homme complet tend à se donner généreusement. Ainsi des peuples : les plus puissants, précisément parce qu'ils se sentent forts, ont le besoin d'agir autour d'eux, de répandre au dehors quelque chose des ressources et des énergies que la nature a déposées en eux.

LA GÉNÉROSITÉ DES FORTS. Pour nous en tenir à la France, mille fois, au cours des siècles, elle affirma sa valeur morale en se portant au secours des peuples faibles, vaincus, déshérités de la nature ou de la fortune; elle leur a offert le secours de son bras, de sa richesse, de sa sympathie. Souvent, elle s'est laissée guider par un sentiment, et non moins souvent, elle s'est laissée soulever par une idée.

On lui en a fait reproche. On l'a accusée de se mêler de ce qui ne la regardait pas. Un cruel humoriste anglais a dépeint le peuple français comme une troupe de singes qui, grimpés au haut des arbres, se livrent aux gambades et aux voltiges les plus folles, criblent de brindilles et de projectiles les animaux paisibles qui passent dans la forêt, se rendent haïssables par leur malice querelleuse.

Il n'est pas mauvais qu'on nous signale nos défauts : mais celui dont on nous accuse si durement a sa contre-partie; en tout cas, il se distingue d'un bas et plat égoïsme. Le peuple français se mêle souvent de ce qui ne le regarde pas, admettons; mais, en agissant ainsi, il s'est fait, plus d'une fois, du mal à lui-même dans le désir de faire du bien à ses frères en humanité. Et ce n'est pas de sa faute, s'il n'a recueilli trop souvent que d'amers reproches et de l'ingratitude.

SOCIABILITÉ FRANÇAISE. Ce besoin de sortir de soi-même, de « s'extérioriser » comme on dit, de marquer les choses à son empreinte, est une manifestation de l'esprit de propagande naturel aux Français, en raison de leur sociabilité. La sociabilité est un besoin du cœur. Chercher à se rapprocher des autres, n'est-ce pas commencer à les aimer? Ce n'est pas par hasard que le plus généreux de tous les monarques, saint Louis, est un roi français; ce n'est pas par hasard que le plus généreux de tous les hommes, saint Vincent de Paul, est un Français.

L'intelligence du Français a aussi un besoin irrésistible de se faire comprendre, de se communiquer aux autres : c'est pourquoi la langue française a, pour première qualité, la clarté. Tant qu'un Français n'a pas gagné ceux qui l'entourent à ce qu'il croit être la vérité, il cherche des formules de plus en plus exactes pour leur faire comprendre ce qu'il voit lui-même. Il insiste, il s'efforce, il peine pour donner à sa pensée une lumière, un éclat qui la rendent irrésistible.

Un Français qui a une foi n'est heureux que quand ceux qu'il aime la partagent. C'est pourquoi le martyrologe des hommes qui ont exposé leur vie et qui l'exposent chaque jour pour répandre au loin les doctrines, défendre les causes, propager les belles découvertes, est rempli de noms français.

ESPRIT DE PROPAGANDE. Aux temps très reculés du moyen âge, cet esprit de propagande, joint au goût ancestral de l'aventure, se traduisait, chez les Français, par les pèlerinages vers les sanctuaires et les lieux de vénération consacrés. L'homme s'est plu, en tous les temps, à revenir en foule vers les endroits où il avait reçu des bienfaits, à vénérer les tombeaux de ceux qui l'avaient fait plus éclairé et meilleur. Les processions, les foires, les voyages en troupes, — depuis ceux qui se faisaient à pied au cours de longues absences, jusqu'à ceux qui s'achèvent, maintenant, en quelques jours, grâce aux « trains de plaisir », — sont les manifestations ininterrompues de ces retours de gratitude inconsciente. Qui sait? les « voyages à la mer » ne sont peut-être, — même chez l'homme moderne, — que des commémorations instinctives d'actions de grâces à l'élément où l'espèce est apparue à la vie.

LES PÈLERINAGES. Au moyen âge, donc, les reliques des saints ou le souvenir d'antiques splendeurs attiraient les fidèles vers les églises ou les autels illustres, Rome, Jérusalem, Saint-Jacques-de-Compostelle, Notre-Dame-du-Puy, Saint-Michel en péril de la mer. De même, aujourd'hui, sans parler de Lourdes, de La Salette et de Notre-Dame-de-Lorette, ne voit-on pas les musulmans se porter vers La Mecque, Kairouan, Tlemcen, les villes saintes ; ne voit-on pas, de toutes les parties du monde, des peuples de curieux et de vénérateurs revenir vers Paris, Rome, Athènes, — berceaux et foyers des grandes civilisations ?

Ces pèlerinages fameux furent, au moyen âge, des moyens puissants de communication, d'instruction et d'émotion. Sur les routes, les hommes se rencontraient et nous savons, aujourd'hui, que la plupart des grandes épopées nationales nommées *Chansons de geste*, comme *Fierabras*, la *Chanson de Roland*, les « gestes » d'*Aymeri de Narbonne* et de *Guillaume d'Orange*, furent conçues et propagées parmi les foules pieuses qui se rendaient aux pèlerinages fameux.

LES CHANSONS DE GESTE. On sait aussi que le souvenir épique de Charlemagne, « empereur à la barbe fleurie », confondu peut-être avec celui de Charles Martel, le vainqueur de Poitiers, fit célébrer, surtout par ces mêmes chansons de geste, les luttes glorieuses des Français contre les Sarrasins d'Espagne. Par ces chants traditionnels, par la coutume des pèlerinages se dirigeant notamment vers Jérusalem, vers le tombeau du Christ, enfin par les prédications des clercs et des moines, désireux de développer dans la chrétienté une vaste unité morale au nom de la catholicité romaine, se créa une disposition des esprits favorable aux expéditions lointaines surtout contre les musulmans.

Ces tendances créèrent, après le type du paladin (ou comte palatin) tel qu'il avait été conçu par les contemporains de Charlemagne, celui du chevalier, et, bientôt, du chevalier errant.

LA CHEVALERIE. Le chevalier, c'est l'homme qui sacrifie ses biens, ses commodités, sa vie pour réaliser, sur la terre, un idéal de vaillance, de justice et de bonté. Plus tard, le type dégénéra ; mais, quand il brillait de tout son éclat, il représentait ce qu'il y a de plus noble dans les aspirations de l'humanité. Un poète du moyen âge, Eustache Deschamps, a tracé, dans des vers expressifs, le devoir du chevalier :

Humble cœur ait ; toujours doit travailler
Et poursuivre faits de chevalerie ;
Guerre loyale, être grand voyagier,
Tournois suivre et jouter pour sa mie.
Il doit à tout honneur tendre,
Pour qu'on ne puisse en lui blâme reprendre
Ni lâcheté en ses œuvres trouver :
Et entre tous se doit tenir le moindre :
Ainsi se doit chevalier gouverner.

Le chevalier avait encore d'autres devoirs : défendre l'Église, la veuve, l'orphelin, ainsi que tous ceux que l'infortune accable. Il est facile de comprendre, maintenant, comment la chrétienté occidentale s'émut quand elle apprit que le tombeau du Christ, à Jérusalem, tombait aux mains des infidèles, c'est-à-dire des Sarrasins tant détestés.

LUTTES CONTRE LES SARRASINS. Chez le peuple des pèlerins qui n'avaient d'autre pensée que d'expier leurs péchés en allant implorer le pardon sur le tombeau du fils de Dieu, chez les chevaliers dont l'impulsion naturelle était de se porter à la défense des opprimés, — surtout quand les oppresseurs étaient les sectateurs de Mahomet, — chez les clercs qui ne songeaient qu'à réunir tous les fidèles dans une même pensée et dans une même action, l'élan fut le même : courir au secours des chrétiens de Syrie, délivrer le tombeau du Christ. Cette pensée apparut à tous comme un ordre venu d'en haut et la France se leva au cri de : « Dieu le veut ! Dieu le veut ! »

URBAIN II ET PIERRE L'ERMITE. La papauté avait pris l'initiative. Un pape français, Urbain II, vint à Clermont-Ferrand et, le 28 novembre 1095, il réunit autour de lui une assemblée extrêmement nombreuse de clercs, de nobles, de seigneurs, de chevaliers, accourus de tous les points de la France. Par un discours habile et chaleureux, il obtient l'adhésion unanime de cet auditoire d'élite et il confie ses pouvoirs, pour l'organisation de la croisade, à un autre Français, évêque du Puy, Adhémar de Monteil.

Les résolutions furent prises rapidement ; une armée se constitua selon les méthodes en usage à cette époque, armée où dominaient les troupes féodales et la chevalerie. Mais on avait compté sans l'enthousiasme populaire. La parole d'Urbain II avait retenti au cœur des clercs et des moines, toujours prêts à seconder l'œuvre de la papauté. Par eux, elle se répandit comme une traînée de poudre dans les coins les plus éloignés de l'univers chrétien. Une contagion, une « folie de la croix » s'empara des cœurs les plus humbles.

Un homme provoqua et représenta ces sentiments naïfs et spontanés, Pierre l'Ermite. Il prêcha dans le centre et dans l'est de la France, et il entraîna les foules après lui.

LA CROISADE DES PAUVRES ET LA CROISADE DES ENFANTS. Ce furent par milliers et par centaines de mille qu'ils partirent, hommes, femmes, vieillards, enfants, et, sans se demander ce qu'il adviendrait d'eux-mêmes, ils s'en remirent à la Providence. Ils partirent sous la conduite de Pierre l'Ermite et d'un chevalier pauvre, Gautier-sans-Avoir ; précédant l'armée, ils traversèrent l'Allemagne du Sud et les pays riverains du Danube ; sans munitions, sans ressources, sans direction, ils apportaient avec eux la mendicité, le ravage, la famine. Ils demandaient, à chaque ville qu'ils voyaient : « Est-ce là Jérusalem ? » Ces pauvres gens périrent en masse ; et, plus tard, un sort pareil était réservé à une expédition plus naïve, plus folle et plus touchante encore, la « croisade des enfants ».

La véritable croisade militaire, la croisade

ARRIVÉE DES CROISÉS DEVANT CONSTANTINOPLE
(D'après une miniature de la Bibliothèque Nationale.)

La Propagande française

des chevaliers, commit de lourdes fautes: elle se divisa, elle provoqua l'hostilité des populations par ses violences et ses dissensions; mais, du moins, sut-elle arriver au but. Elle formait quatre armées, commandées par des seigneurs de haute lignée : Godefroy de Bouillon, duc de Basse-Lorraine, et son frère Baudouin; Raymond IV, comte de Toulouse, avec le légat du pape; Bohémond de Tarente et son neveu Tancrède, commandant les Normands de Sicile et les Italiens; Hugues, comte de Vermandois, frère du roi de France, avec Étienne, comte de Blois, et Robert II, comte de Flandre.

LA CROISADE DES CHEVALIERS.

L'expédition marcha deux années durant vers Constantinople et Jérusalem. La traversée de l'Asie Mineure fut une épreuve terrible qui la réduisit de plus de moitié. Cependant, après des alternatives de succès et de revers, elle prit la grande ville d'Antioche, sous les murs de laquelle elle livra aux Infidèles une bataille décisive. Les croisés entrèrent enfin à Jérusalem le 15 juillet 1099. Il ne restait plus que 40000 soldats exténués.

PRISE DE JÉRUSALEM
(D'après une miniature de la Bibliothèque nationale.)

LE ROYAUME DE JÉRUSALEM. Cet exploit fit oublier toutes les misères et tous les sacrifices. Godefroy de Bouillon fut acclamé comme le chef du nouvel établissement que venait de fonder la victoire; il prit, par modestie, le simple titre « d'avoué du Saint-Sépulcre ». Mais son frère Baudouin, qui lui succéda bientôt, se fit proclamer roi de Jérusalem. D'autres principautés, aux mains de Bohémond, de Tancrède, de Josselin de Courtenay, rayonnaient sur toute la Palestine et sur la Syrie, le tout constituant une vaste domination chrétienne et, en grande partie, française jusqu'aux portes de l'Égypte. Peu s'en fallut que la civilisation occidentale, refluant vers ses sources, ne s'installât définitivement dans l'Orient méditerranéen.

Malheureusement, la plupart des croisés survivants, épuisés par un tel effort, regagnèrent l'Europe. Ceux qui restaient se divisèrent ou s'abandonnèrent aux instincts brutaux ou à la séduction des mœurs locales. Bientôt l'éphémère royaume, mal organisé, mal dirigé, insuffisamment soutenu par l'Europe, fut sur le penchant de sa ruine.

A diverses reprises, l'Europe, et notamment la France, furent appelées au secours. Durant de longs siècles, la papauté renouvela ses objurgations aux princes et aux peuples pour soutenir le royaume qu'elle avait fondé. Elle usait de toute son autorité et de ses armes spirituelles pour enrôler des nouvelles armées et amasser de nouveaux subsides ; elle réussit d'abord; puis, peu à peu, sa puissance de persuasion s'atténua.

Il n'en reste pas moins que, pendant plus de deux siècles, la pensée de la croisade fut la grande pensée chrétienne : elle créa l'unité d'âme en Europe, et elle eut, par contre-coup, pour effet non moins indiscutable, la constitution des nationalités modernes : tous ces peuples, en vivant ensemble, apprirent à la fois à se connaître et à se distinguer dans les rangs des immenses armées communes.

SECONDE ET TROISIÈME CROISADES. La seconde croisade eut lieu en 1147, cinquante ans après la première. Prêchée par saint Bernard, commandée par le roi de France Louis VII et par l'empereur d'Allemagne Conrad III, elle échoua.

Ascalon et Jérusalem furent prises par Saladin en 1187, moins d'un siècle après la première conquête des Lieux Saints. Trois souverains de l'Europe firent trêve à leurs querelles et partirent, en 1189 et 1190: c'étaient Frédéric Barberousse, empereur, qui se noya en Cilicie, Philippe Auguste, roi de France, et Richard Cœur de Lion, roi d'Angleterre : celui-ci était le plus brave, mais Philippe Auguste était le plus habile. Il laissa Richard Cœur de Lion s'épuiser au siège d'Acre en de multiples combats glorieux sans résultats décisifs, et lui, revenant rapidement en Europe, envahit les États continentaux de son rival. La troisième croisade n'eut que des résultats précaires.

Désormais, ces expéditions sont détournées de leur véritable objectif : ce que se proposent maintenant les chefs qui les dirigent, c'est moins la délivrance du Saint-Sépulcre que la conquête de l'Orient, non seulement sur les musulmans, mais aussi sur les Grecs, qui étaient, pourtant, des chrétiens.

PRISE DE CONSTANTINOPLE. La quatrième croisade, commandée par Boniface de Montferrat, s'empara de Constantinople, capitale de l'empire byzantin, et installa, sur les ruines de cet empire, des dominations franques dans la péninsule des Balkans, en Grèce, en Morée (1204).

La cinquième croisade, à laquelle la France resta étrangère, eut pour but l'Égypte et s'empara de Damiette (1219). La sixième croisade, qui fut surtout allemande et commandée par Frédéric II, reprit temporairement Jérusalem.

SAINT LOUIS AUX CROISADES. La septième et la huitième croisade enfin, furent commandées par le plus grand roi français du moyen âge, saint Louis. Il crut, lui aussi, qu'il était préférable d'attaquer la puissance musulmane dans ses citadelles principales, en Égypte, à Tunis, plutôt qu'en Palestine et en Syrie. Il prit Damiette d'Égypte ; mais, après la défaite de Mansourah infligée par les musulmans à son frère le comte d'Artois, il fut fait prisonnier et ne recouvra la liberté qu'en restituant Damiette.

Sur la fin de son règne, il se croisa de nouveau et organisa une puissante expédition (1270) : cette fois, il se dirige vers Tunis. Il prend le château, mais meurt de la peste. Cette tentative avortée n'en fut pas moins le prélude lointain de la conquête de la Tunisie par la France. Nos troupes retrouvèrent, en 1880, le souvenir du roi vaillant et pieux qui leur avait ouvert les voies.

Ce fut la fin des croisades. En Syrie, Antioche, Laodicée, Tripoli et, enfin, Ptolémaïs capitulèrent successivement (1285-1291); après deux siècles, la merveilleuse aventure qui avait coûté tant de sang, dépensé tant de vaillance, d'héroïsme et d'énergie, fut close pour l'histoire.

CONSÉQUENCES DES CROISADES. Elle n'était close ni pour la civilisation ni pour l'humanité. Les conséquences des croisades furent incalculables. Ces expéditions héroïques avaient remué le sang des peuples et fait un mélange des deux mondes; ce retour de l'humanité vers son berceau lui réapprit ses origines et lui imposa, en même temps, une conception plus large de ses devoirs et de son avenir. Ceux qui revinrent dans leurs foyers avaient vu le vaste univers, grand ouvert devant eux. Impressions ineffaçables ! Ils savaient désormais qu'il y a, pour l'homme, d'autres horizons que ceux du champ paternel. Ayant parcouru les terres et les mers, ils avaient mis à l'épreuve l'endurance humaine et se sentaient prêts pour des aventures plus hardies et plus lointaines encore.

SAINT LOUIS ARMÉ EN GUERRE
D'après les vitraux de la cathédrale de Chartres.

Saint Louis, fils de l'Espagnole Blanche de Castille, fut le premier des *conquistadors*.

Au contact de la civilisation délabrée et corrompue de l'Orient, les peuples de l'Occident s'étaient mieux jugés, mieux appréciés; ils avaient rapporté, de leurs pérégrinations, une connaissance plus éclairée des arts, des traditions, des conceptions que l'antiquité avait laissés sur ces terres oubliées; ils en avaient rapporté, surtout, un renouveau de l'esprit. Le retour des croisades fut une première renaissance.

Mais, par-dessus tout, les croisades furent un grand mouvement idéaliste : jamais l'homme ne sacrifia plus allègrement sa vie à une cause, c'est à ce titre que la France y figura au premier rang. Par la gloire qu'elle y acquit, se répandit définitivement, sur toute la Méditerranée, d'Occident en Orient et d'Orient en Occident, la renommée et la gratitude dues aux « gestes de Dieu par les Francs », *Gesta Dei per Francos*.

L'Université de Paris et l'Art Gothique

PORTAIL OGIVAL DE LA CATHÉDRALE DE REIMS (XIII° SIÈCLE).

Tout le moyen âge européen et, en particulier, le moyen âge français, est dominé par l'idée chrétienne. C'est la « croix » qui entraîne pèlerins et soldats sur les chemins de la Terre sainte; c'est la croix qui soumet les fidèles aux directions de l'Eglise; c'est au nom du Crucifié que des donateurs sans nombre offrent leurs biens pour soulager les pauvres et les misérables; c'est au nom des dogmes et de la morale chrétienne, catholique, romaine, que se poursuit, dans les esprits et dans les cœurs, la vaste éducation didactique, psychologique, morale, de laquelle naîtra une civilisation nouvelle.

LA CIVILISATION DU MOYEN AGE EST CHRÉTIENNE. L'enseignement qui prépare ces générations est uniquement chrétien. La philosophie, la littérature, la science elle-même, sont subordonnées à la théologie.

La pensée s'élève, d'abord, à la connaissance de Dieu, principe de toutes choses : de cette connaissance — et de cette connaissance seule — dérivent les notions qu'il est donné à l'homme de percevoir sur l'ordre universel et ses multiples manifestations ici-bas; de là, la règle unique de toute vie humaine, c'est-à-dire de la morale. La loi vient d'en haut; Dieu l'a dictée et la dicte chaque jour, par l'organe du Christ et de l'Eglise. Il n'y a qu'à s'incliner et obéir.

Cette conception donne à la physionomie du moyen âge une remarquable unité; elle se manifeste non seulement dans les sentiments religieux qui sont les mêmes pour toute la chrétienté, mais aussi dans la méthode intellectuelle, soit littéraire, soit scientifique. Par une adaptation singulière de cet esprit déductif et logique qui, au lieu de remonter du fait aux causes, descend d'une doctrine établie à ses applications, les lettres et les sciences acceptent une discipline non discutée et non discutable : *magister dixit*, le maître l'a dit. Le maître, c'est Aristote.

INFLUENCE D'ARISTOTE. Aristote, philosophe grec, dont la renommée avait été grande parce que son œuvre présentait un exposé presque complet de la science antique, Aristote fut vénéré presque à l'égard des auteurs sacrés. Tout ce qui était dans Aristote fut accepté comme axiome et l'effort du haut enseignement se borna à l'expliquer et à le commenter. Ainsi, le moyen âge se soumit, sans discussion, au double héritage de la tradition hellénique par Aristote et de la tradition judaïque par les livres saints; mais il les adapta très ingénieusement, par la voie du commentaire et de l'interprétation, à ses besoins et à ses aspirations. Les musulmans ont fait de même et font de même encore, à l'heure présente, en prenant pour base unique de leur science et de leur culture le Coran.

La méthode intellectuelle du moyen âge est connue sous le nom de scolastique.

LA SCOLASTIQUE. La scolastique, c'est tout le moyen âge de la pensée; elle a un organe qui s'impose au monde chrétien, l'Université de Paris. La loi chrétienne vient de Rome, mais la leçon intellectuelle vient de Paris. Tous les étudiants, les chercheurs et les penseurs, où qu'ils naissent, viennent apprendre et, s'ils le peuvent, enseigner à Paris. Pendant trois siècles, l'Université de Paris fut la « maîtresse des sentences ».

L'UNIVERSITÉ DE PARIS. Un fait très précis affirme ce caractère à la fois encyclopédique et « mondial » de l'enseignement parisien : c'est l'organisation même des études. L'Université de Paris était divisée en quatre « facultés » embrassant l'ensemble des sciences divines et humaines, la faculté de théologie, la faculté des arts (sciences et lettres), la faculté de droit (droit civil et droit canonique), la faculté de médecine. Quant aux étudiants, ils étaient classés en nations : la nation de *France*, subdivisée elle-même en cinq provinces ou tribus; la nation de *Picardie*, subdivisée aussi en cinq tribus; la nation d'*Allemagne*, subdivisée en deux tribus; la nation des *Continents*, subdivisée en deux provinces, et celle des *Insulaires* comprenant les Iles Britanniques.

Les hommes les plus illustres du moyen âge furent ou des étudiants ou des maîtres de l'Université de Paris. Duns Scott, saint Thomas d'Aquin, Albert le Grand, Siger de Brabant, saint Bernard, saint Anselme, Abeilard, Brunetto Latini, le Dante, Boccace, Pétrarque. Un auteur écrit avec juste raison : « Du XII° à la fin du xɪvᵉ siècle, Paris a été le centre, le foyer de toute lumière pour l'Occident ; il n'est pas de nation qui n'ait alors reconnu cette suprématie et qui n'en ait profité Bien longtemps avant Louis XIV, bien longtemps avant la Révolution française, Paris donnait le ton à l'intelligence européenne. C'est par la scolastique que l'esprit français faisait alors sa route, comme il la fit plus tard par la littérature du xvɪɪᵉ et du xvɪɪɪᵉ siècle. La scolastique parisienne, dans ces temps reculés, a fait peut-être autant pour l'esprit que le siècle même qui a vu Montesquieu, Rousseau, Voltaire et la Constituante. » (Barthélemy-Saint-Hilaire.)

L'ENSEIGNEMENT FRANÇAIS. Il n'est pas impossible de s'expliquer cette régence des esprits si remarquablement reconnue alors à la France : sa situation géographique attirait naturellement les nombreux voyageurs qui, en ce temps de déplacements fréquents, quittaient leurs foyers pour aller chercher ailleurs la science et la fortune ; le génie sociable des Français, la facilité et l'aménité de leur accueil retenaient ces hommes dans une ville où ils pensaient ne faire que de courts séjours ; enfin, et surtout, l'aptitude des Français à rendre faciles et abordables les idées générales, à les montrer sous leur face accessible et piquante, ce génie de simplification et d'élégance qui se trouvait, dès lors, dans leur langue et dans leurs écrits, tout cela apportait un secours précieux à l'obscur travail de la scolastique ; on s'aperçut, pour la première fois, qu'on pouvait être sérieux sans être ennuyeux. Tout paraissait lumineux quand la clarté française y avait passé. Dès lors, les étrangers aimaient la langue française et l'appelaient le « parler délittable ». Le français est resté, jusqu'à l'heure présente, la langue internationale et la langue des manuels ; elle était, dès lors, un organe d'enseignement incomparable.

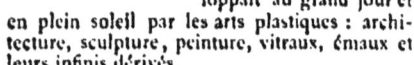

LE MAITRE ENSEIGNANT

LE VRAI ET LE BEAU. Ces dons de communication et de sociabilité, si caractéristiques chez nos Français, s'affirmaient dans les matières complexes et obscures réservées au haut enseignement ; mais le progrès intellectuel ne pouvait s'isoler et se tenir en dehors des masses populaires. Une civilisation n'est complète que si elle pénètre toutes les couches de la société, comme une maturité n'est achevée que si elle unit et fond toutes les fibres de l'être. Tel fut bien le caractère de la civilisation française au moyen âge ; elle s'occupa du peuple, des femmes, des enfants avec un zèle égal à celui qui l'imposait au monde du savoir et de la pensée.

L'ENSEIGNEMENT PAR L'IMAGE. Mais, sur le peuple, les moyens d'action étaient tout différents. On eût vainement exposé devant les foules un raisonnement abstrait déduit des principes d'Aristote : aussi eut-on recours à un enseignement infiniment plus simple, plus suggestif et plus frappant : « l'enseignement par l'image ». Les populations du moyen âge vécurent dans un magnifique décor où tout ce que l'homme doit et peut savoir lui était enseigné par la représentation figurée. Tel fut le rôle des cathédrales gothiques, des sanctuaires, des églises ; et tel fut l'objet de leur prodigieuse ornementation.

Le culte naturel des Français pour le beau, leur imagination vive et concrète, leur aptitude aux métiers et aux techniques, l'éducation mutuelle qu'ils se donnent par la comparaison, par la discussion, par la critique, en un mot, cette faculté innée mais perfectible qui s'appelle le goût, tout cela devait assurer, à cette nation, l'initiative et la suprématie dans cette autre branche de l'enseignement visant surtout les masses et qui se développait au grand jour et en plein soleil par les arts plastiques : architecture, sculpture, peinture, vitraux, émaux et leurs infinis dérivés.

QU'EST-CE QUE L'ART ? Qu'est-ce que l'art, en somme, sinon un moyen d'expression ? C'est-à-dire que l'artiste fait passer dans votre âme ce qu'il éprouve lui-même, à la façon dont il le traduit, dont il le rend. Un exemple : Voici un homme qui est touché au cœur par le sentiment de ce qu'il y a d'adorable et d'indicible dans la maternité. Ému aux larmes, il voudrait traduire ce sentiment ; les paroles lui manquent ; tout à coup, il ressent en lui comme un appel, un mouvement inconnu qui le pousse et l'entraîne ; il prend un morceau de craie et il dessine, sur une ardoise, une mère allaitant son enfant, ou bien encore, il ramasse un peu de terre glaise et il modèle le groupe où la mère serre l'enfant dans ses bras, ou bien encore, son couteau taillera dans le bois l'image vénérée.

Il a dit (ou essayé de dire) ce qu'il éprouvait lui-même ; cette image *parle* : « Est-il rien de plus touchant qu'une mère allaitant son enfant ? » Ce que « l'artiste » a exprimé, tous

FAÇADE DE LA CATHÉDRALE DE CHARTRES
(Chef-d'œuvre de l'art gothique, XIIe et XIIIe siècles.)
(Photo Hachette)

L'Université de Paris et l'Art gothique

les hommes le saisiront, le comprendront, quel que soit leur pays, quelle que soit leur langue, en quelque temps qu'ils vivent ou doivent vivre. Plus les spectateurs seront nombreux, plus ils vibreront ; ils se communiqueront leur impression et l'accroîtront en la propageant : l'émotion, ressentie un jour par un homme, traversera les siècles et elle touchera indéfiniment ceux qui contempleront l'*image*. L'art est un moyen d'expression.

L'ART EST UN MOYEN D'EXPRESSION. Or, la civilisation du moyen âge, toute empreinte de l'idée religieuse et ramenant la nature et la vie à la réalisation de la volonté divine, qu'avait-elle à exprimer pour s'expliquer elle-même aux masses présentes et aux générations futures ? D'abord, la grandeur et la majesté de Dieu, puis les multiples réalisations de l'ordre divin dans l'existence naturelle et dans la loi morale.

Avec un pareil programme, elle devait naturellement se porter vers le plus majestueux de tous les arts humains, c'est-à-dire l'architecture. L'homme ne peut rien faire de grand que comparativement à sa taille et à ses moyens ; si donc il élève des monuments dépassant de beaucoup ses propres dimensions et plus puissants encore que les monuments antérieurs, il aura réalisé, autant qu'il est en lui, l'idée de la grandeur.

UNE CATHÉDRALE GOTHIQUE. Approchez d'une cathédrale gothique ; voyez ces proportions colossales, ces dispositions larges et équilibrées qui paraissent avoir demandé et qui ont demandé, en effet, pour être obtenues, l'effort des siècles ; mesurez du regard ces deux tours s'élevant harmonieusement sur le porche à une hauteur où l'œil en discerne à peine le couronnement ; suivez, plus haut encore, les flèches s'élançant, s'amincissant, s'affinant en pointe aiguë jusqu'à ce qu'elles se perdent dans les nues. Faites le tour, et voyez ces contreforts robustes calant la nef et soulevant la toiture pour la porter en bloc à une hauteur où il paraît impossible qu'un pareil vaisseau puisse se soutenir ; voyez ce chœur dont les nombreuses absides rayonnent, arrondissant leurs croupes et élargissant leurs arcs-boutants comme un insecte géant prêt à s'envoler vers le ciel.

Entrez. C'est une forêt où l'on n'entend que le mystère et le silence. Les rangées de chaises sont agenouillées, comme des fidèles en prières. Sous les dalles, les morts reposent ; les piliers s'alignent et fleurissent ainsi que des arbres aux souples rameaux ; le chœur irradie sous la lumière tamisée et translucide des vitraux. La voix de l'orgue se fait entendre, elle soupire et se plaint comme le vent dans les bois ; d'autres voix, des voix humaines, s'élèvent ; elles chantent, en des accents profonds et lents, l'hymne du ciel et l'hymne de la terre. La cloche tinte... Les hommes, un instant assemblés, se dispersent ; le silence reprend son empire. L'ombre emplit la vaste nef ; et, dans la double nuit qui tend ses voiles, on ne sait si ce sont des ailes ou des âmes qui animent obscurément l'immense nef solitaire, de leurs vols.

Si vous êtes émus, abandonnez-vous à votre émotion. C'est la pensée du bâtisseur défunt qui s'est approchée de la vôtre. Il a exprimé, pour des siècles, l'idée de la grandeur et de la beauté ; nul être humain ne saurait échapper à cet « envoûtement ». En le subissant, vous vous êtes élevé au-dessus de vous-même, vous avez compris une des plus nobles expressions de l'art... Or cette expression est une expression française.

L'ART GOTHIQUE EST UN ART FRANÇAIS. L'art gothique est, en effet, l'art français par excellence. On a dit, avec raison : « C'est en France que la doctrine du moyen âge a trouvé sa forme parfaite. La France du XIIIe siècle a été la conscience de la chrétienté. » (Mâle.) Cette conscience s'exprima surtout dans les formes architecturales.

Auparavant, les édifices, dérivés de l'art antique, avaient des formes trapues et basses, des murs pleins, des contours rectilignes ou lourdement arrondis. Le principe de la construction ne variait guère de la ligne droite au plein-cintre.

L'ARC OGIVAL. Quand la pensée s'éleva, selon le dogme chrétien, elle tendit vers le ciel : on fut amené ainsi à chercher des formes plus sveltes, plus élancées, plus aériennes. *L'arc ogival*, au lieu de retomber pesamment dans le plein-cintre, s'élance et s'affirme, comme une flèche visant l'azur. Une invention plus complexe et plus nouvelle encore, ce fut la *croisée d'ogive*, c'est-à-dire un système de construction qui fait reposer la voûte, non sur deux murs continus et parallèles, mais sur des piliers disposés quatre par quatre et alignés pour former la nef.

LA VOÛTE SUR CROISÉE D'OGIVE. Regardez la voûte d'une de ces cathédrales gothiques : vous verrez qu'elle est divisée en un certain nombre de compartiments, dont les nervures, se croisant et se coupant par leur intersection, vont se reposer sur les piliers latéraux ; ce sont ces piliers et non les murs qui portent la voûte. De là vient la légèreté du système : c'est la croisée d'ogive, qui, allégeant le poids de la voûte, a permis de l'élever si haut.

Le résultat de cette série d'améliorations dans l'art de bâtir a été que les murs d'une cathédrale, appuyés au dehors sur les contreforts et les arcs-boutants, allégés au dedans par les piliers nerveux qui soutiennent les voûtes, n'ont pas besoin d'être pleins et massifs. Ils sont percés de larges baies en fer de lance et ces baies sont garnies, à leur tour, de magnifiques verrières ; de telle sorte que l'ensemble paraît une lanterne historiée, abritant, de sa cloison fragile, la flamme solitaire qui brûle devant l'autel.

Cet art est français, parce qu'il est logique, clair et élégant. Il est né aux environs de Paris ; il a régné, d'abord, sur l'Ile-de-France, sur la Champagne, la Beauce, la Normandie ; ses plus admirables exemplaires sont des cathédrales françaises, Notre-Dame de Paris, Chartres, Reims, Rouen, Amiens, Laon, Bourges, Strasbourg, sans parler de l'innombrable beauté des autres églises françaises.

LA DÉCORATION DES ÉGLISES.

L'architecture française avait donc dégagé une formule nouvelle et hardie pour exprimer la grandeur, l'harmonie, la majesté ; mais cela ne suffisait pas : il fallait multiplier, pour la foule, les enseignements et les exemples, traduire les sentiments les plus délicats, les plus complexes, et, en même temps, les plus simples et les plus touchants de l'âme humaine. L'art des bâtisseurs appela à son aide la peinture, la sculpture, l'orfèvrerie, la menuiserie, le travail des vitraux et des métaux.

Photo Neurdein
INTÉRIEUR DE NOTRE-DAME DE PARIS

Une cathédrale telle que la concevaient ceux qui en traçaient les plans (mais telle que les siècles ne l'ont pas toujours, hélas ! respectée), c'était une espèce de musée où tout ce qui touche l'humanité devait être raconté. D'où cette profusion de sujets et de motifs empruntés soit aux livres sacrés, soit aux légendes, soit à l'histoire, soit à la nature, où la vie de l'homme et des êtres se trouvait analysée, fouillée, scrutée, reproduite et rendue expressive, éloquente, *enseignante*, par tous les procédés dont puisse se servir le génie humain.

Notre vieux poète, François Villon, a traduit les sentiments qui animaient les foules naïves du moyen âge devant ces splendides monuments faits et construits par elles et pour elles. Il met dans la bouche de sa vieille mère ces vers fameux adressés à la Vierge :

Femme je suis povrette et ancienne,
Ne rien ne sais ; oncques lettres ne lus ;
Au moustier vois, dont suis paroissienne,
Paradis peint, où sont harpes et luths
Et un enfer ou damnés sont bouillus :
L'un me fait peur, l'autre joie et liesse...

La décoration d'une église comprenait donc, à la fois, l'enseignement et la leçon : et cela suffisait ; les images donnaient aux spectateurs, agenouillés dans une contemplation mystique, une certaine connaissance des choses et, en même temps, les directions morales et religieuses qu'on voulait leur inculquer ; le résultat cherché était obtenu.

RESPECT DÛ AUX VIEUX MONUMENTS.

Les temps ont changé, les moyens de communication entre les hommes sont devenus plus nombreux et plus rapides. L'enseignement par l'image n'est plus d'une nécessité aussi absolue. Mais son effet, qui a si longtemps ébranlé les foules, subsiste après des siècles et cela seul suffit pour marquer la puissance, l'autorité, l'efficacité de cette belle création, l'art gothique.

Jusque dans le moindre de nos villages, il reste une église, si humble soit-elle, une statue, un morceau sculpté, une pierre tombale rappelant que cet art, si sincère et si abondant, s'est mis à la portée de tous, qu'il a été essentiellement démocratique, humain et populaire.

Qui que vous soyez et quelles que soient vos opinions, respectez ces vestiges ; sauvez-les précieusement ; ils gardent un reflet de l'âme de vos pères qui les a conçus et animés ; ils sont une des manifestations les plus pénétrantes et les plus expressives du génie français.

La Renaissance et la Réforme

LA PLACE DU DÔME A PISE.
A DROITE, LE CAMPANILE OU TOUR PENCHÉE; AU CENTRE, LA CATHÉDRALE; A GAUCHE, LE BAPTISTÈRE;
EN RETRAIT, LE CAMPO-SANTO.

LA RENAISSANCE : POURQUOI AINSI NOMMÉE ? On a donné le nom de Renaissance à l'époque qui a suivi immédiatement le moyen âge : non pas qu'il y ait une coupure absolue entre le passé qui s'évanouissait et les temps nouveaux qui apparaissaient : l'histoire, pas plus que la nature, ne procède par sauts et par bonds. Son développement est graduel.

Mais ce nom fut choisi parce que les premiers écrivains qui eurent à qualifier cette époque furent frappés de sa grâce, pareille à celle d'un printemps, et de son inspiration réchauffée au souffle des lettres antiques. Les semences qui avaient longtemps dormi dans la terre levèrent soudain; la civilisation éclata comme une floraison d'avril. Cette éclosion fut due, surtout, au développement général d'une vie plus libre et plus luxueuse amenant un magnifique élan de la pensée et des arts plastiques.

LES NOUVELLES NATIONALITÉS EUROPÉENNES. Les nationalités européennes se dégagent et, ainsi, l'effort des communautés étant plus puissant, plus persévérant, moins dispersé qu'au moyen âge, le champ est préparé pour des pensées plus hardies et des desseins plus prolongés : ce ne sont plus seulement des individus, des groupements particuliers, des villes ou des seigneuries qui agissent et produisent en commun, ce sont des peuples, des patries. La civilisation, par elle-même, avait une tendance à des ouvertures plus larges sur le monde et sur l'avenir; l'étude renouvelée des traditions antiques affirme ce caractère plus universel et plus humain.

Les peuples se mêlaient; ils se faisaient part, les uns aux autres, de leurs idées et de leurs découvertes. Notamment, dans le bassin de la Méditerranée, un commerce très actif se produisait, depuis la fin des croisades, par l'apaisement relatif entre toutes les populations riveraines, qu'elles fussent catholiques, grecques ou musulmanes.

Des villes comme Venise, Pise, Gênes, Naples, Palerme, Marseille, Barcelone, étaient en rapports constants avec Constantinople, Alexandrie, Tunis, Alger. Les navigateurs méditerranéens recevaient, en quelque sorte, une éducation commune; ils parlaient la même langue et jouissaient des mêmes spectacles. Or, partout où ils passaient, ils retrouvaient les vestiges imposants de la grandeur antique, soit grecque, soit romaine. Partout des temples encore debout avec leurs colonnes, leurs frontons dorés par le soleil, leurs marbres, leurs métopes, leurs statues; et puis, des arènes, des cirques, des aqueducs, des ports, des colonnes, des portiques, des pyramides! Comment fermer les yeux?

INFLUENCE DU NORD ET DE L'ANTIQUITÉ. Au moment où on les ouvrait, les hommes du Nord apportaient leur science architecturale, leur précision pratique, leur technique impeccable, leurs modèles soigneusement étudiés. Personne ne savait, comme eux, élever une masse imposante jusque dans les nues.

A ce contact du Midi et du Nord, l'étincelle jaillit : et ce fut l'art de la Renaissance. Je crois que sa plus belle et sa plus rayonnante manifestation, à ses débuts, fut le dôme et le baptistère de Pise : édifices de marbre où les colonnes arrachées aux temples de Sicile s'élèvent dans un ordre incomparable, selon les dessins d'un architecte venu probablement d'une terre septentrionale.

A partir de ce moment, la coupole remplace les tours et les flèches ; une conception, qui emprunte à l'antiquité l'harmonie et au moyen âge la magnificence, réalise un nouvel idéal qui compte, à son tour, parmi les plus nobles que l'humanité se soit proposé.

La Renaissance fut d'abord italienne, mais personne ne songe plus à nier, maintenant, l'influence de la culture septentrionale sur son éclosion. L'architecture italienne de la Renaissance fut d'abord *ogivale* ; la sculpture n'ignora nullement les chefs-d'œuvre qui illustrent les portails de nos cathédrales gothiques ; les écoles italiennes de peinture empruntèrent beaucoup aux miniaturistes et aux « primitifs », comme on les appelle, qui voyageaient de Paris, de Bruges, de Dijon, jusqu'à Avignon, Gênes, Milan, Florence et Rome.

LA RENAISSANCE EN ITALIE. PRISE DE CONSTANTINOPLE. Ainsi, même dans les origines de la Renaissance, on retrouve une influence française. Mais la maîtrise italienne s'affirma bientôt. Sa grandeur fut accrue, sans doute, par les contacts qui s'étaient produits avec l'art byzantin. La civilisation antique avait survécu à Constantinople, et malgré une décadence sensible dans les formes de l'art et de la pensée, n'en avait pas moins été conservée dans sa forme et dans ses cadres immuables. Quand les Turcs se furent emparés de Constantinople (1453), un grand nombre de Grecs du Bas-Empire se réfugièrent en Italie, à Venise, à Rome, et y importèrent les procédés, les secrets et les méthodes soigneusement préservés du naufrage. Ces Grecs furent, sinon les maîtres, du moins les pédagogues de la Renaissance italienne. Ils y réchauffèrent le goût des lettres et des arts que des génies comme Pétrarque, Boccace et les premiers « humanistes » ne demandaient qu'à faire fructifier. Léonard de Vinci, Michel-Ange, Raphaël sont des gloires incomparables ; et c'est par un rejaillissement de la Renaissance italienne qu'il y eut, à partir de François Iᵉʳ, une Renaissance française.

CHATEAU DE CHAMBORD
(Pierre Nepveu, architecte.)

LA RENAISSANCE FRANÇAISE. Elle ne compta pas d'aussi grands noms ; elle produisit, cependant, une architecture civile qui, se conformant aux nouvelles nécessités de la vie, orna les plus belles provinces de la France d'une parure de pierres qui couronne et achève leur beauté. C'est l'époque des châteaux de la Loire ; c'est l'époque des nobles demeures royales et seigneuriales ; c'est l'époque des premiers grands bâtiments publics : Chenonceaux, Chambord, Langeais, Azay-le-Rideau, Sully-sur-Loire, Fontainebleau, Saint-Germain-en-Laye ; il est impossible de rappeler toutes ces œuvres fameuses. Résumons le tableau en un seul trait : c'est l'époque où le roi de France bâtit, à Paris, le Louvre, symbole de l'unité, de la magnificence et de la grâce.

LE LOUVRE
(Façade de Pierre Lescot.)

ÉCLOSION NOUVELLE DE LA PENSÉE. Par ces conceptions superbes et ces réalisations splendides, l'art traduisait la joie de vivre des populations à cette aube de la Renaissance. Mais la truelle, le ciseau, le pinceau lui-même, ne pouvaient suffire. Il fallait un moyen d'expression plus large, plus souple et plus puissant. Dans le trésor des pensées humaines, l'amas des richesses accumulées était tel qu'on ne pouvait l'empêcher de déborder.

La Renaissance et la Réforme

Tout le monde voulait savoir, tout le monde voulait apprendre, tout le monde voulait s'instruire et juger. De partout, on demandait des livres, des livres et des livres encore ; or, ils étaient si peu nombreux, si précieux, qu'on les attachait avec des chaînes dans les rares bibliothèques où on en trouvait.

Des livres, des livres, c'était le cri universel !

Jusque-là, les livres, copiés lentement, un à un, dans les cellules des couvents, étaient réservés aux rois, aux grands seigneurs, aux monastères ou aux riches prélats. Les étudiants et les curieux en étaient réduits à l'enseignement par la parole et par l'image. Et l'on voulait tout savoir !

INVENTION DE L'IMPRIMERIE. C'est alors que les gens qui faisaient le commerce des livres s'ingénièrent. Déjà les images de sainteté, les petits livrets et les alphabets, distribués dans les écoles, n'étaient plus faits à la main, isolément. On s'était mis à graver, à l'envers, sur une planche de bois, l'image qu'on voulait reproduire et même la légende qui l'accompagnait ; et, à l'aide de cette planche, frottée d'encre, on tirait un certain nombre d'exemplaires qui, naturellement, venaient, non plus à l'envers, mais à l'endroit.

Si on développait ce procédé ?... On le fit peu à peu ; et ces premières impressions (qui ne sont pas encore de l'imprimerie) circulèrent. Le premier pas était fait.

On en fit un second, mais, cette fois, un pas décisif, quand un inventeur (et l'on reconnaît, sans trop de difficultés, que c'est l'illustre Gutenberg) perfectionna les découvertes antérieures en découpant les caractères gravés dans la planche, en isolant ainsi chacune des lettres, en remplaçant le bois par la fonte et en se servant de la presse.

LES CARACTÈRES MOBILES ET LA PRESSE. Les lettres sont réunies et liées entre elles pour former des mots, des lignes, des pages ; mais après que le paquet ou la « forme », ainsi groupée momentanément, a passé sous la presse pour imprimer les exemplaires nécessaires, elle est défaite et les lettres dispersées et remises dans leur casier peuvent resservir indéfiniment. Ainsi, grâce à la « composition » au moyen de lettres indépendantes, le nombre des livres reproduit par les mêmes caractères peut être multiplié indéfiniment. On répondait donc à l'appel universel. Tout le monde voulait des livres et on offrait des livres à tout le monde.

Les premiers livres furent vendus comme manuscrits ; c'était à s'y tromper. On crut même qu'il y avait là quelque chose de diabolique : Gutenberg fut mis en prison comme contrefacteur et comme sorcier. Mais on ne put mettre sous clef l'invention elle-même ; et elle est devenue, aujourd'hui, l'incomparable instrument de diffusion de la pensée humaine qui ne fait qu'une seule et même intelligence, une seule et même âme avec les intelligences et les âmes de toute l'humanité.

DÉCOUVERTE DE L'AMÉRIQUE. La pensée humaine s'élargissait ; or, le monde s'élargissait aussi. Au moment où Gutenberg découvrait l'imprimerie, Vasco de Gama et Christophe Colomb découvraient les nouvelles terres inconnues des anciens, en Asie, en Afrique, et enfin un nouveau continent.

La France participa rapidement à ces étonnants progrès.

Elle avait eu sa part bien marquée dans l'explosion de la première Renaissance : elle se lança, à son tour, dans les voies ouvertes à l'intelligence occidentale.

LA « SAINTE-MARIE »,
CARAVELLE DE CHRISTOPHE COLOMB DANS SON PREMIER VOYAGE D'AMÉRIQUE.
(Musée Naval de Madrid. — Photographie Panajou.)

Le coup de balancier donné dans le monde par la découverte de l'Amérique et le délaissement relatif de la Méditerranée ne lui était nullement contraire : Bordeaux, Lorient, Nantes, Le Havre (ce dernier port fondé par François Ier) allaient profiter de ce que perdraient Venise, Gênes et Pise.

La France était, en somme, au premier rang des puissances unifiées. Elle avait, de ce chef, une avance sur les autres peuples. Par les guerres d'Italie, ses rois Charles VIII, Louis XII et surtout François Ier étaient entrés en contact avec la péninsule en pleine fleur de renaissance ; ils en avaient rapidement cueilli le fruit au profit de la France.

Le Primatice fut appelé pour décorer Fontainebleau et le plus grand des hommes de la Renaissance italienne, Léonard de Vinci, mourait, à Amboise, sous la protection, sinon dans les bras de François Ier.

L'IMPRIMERIE EN FRANCE. LES INCUNABLES. L'imprimerie avait été inventée sur les bords du Rhin, dans la région placée sous l'influence de la puissante vassalité bourguignonne ; mais elle fut vite installée à Paris. Bientôt l'imprimerie française, à Paris et à Lyon, fut la digne émule de l'imprimerie italienne ; l'une et l'autre furent longtemps sans rivales. Ces beaux livres du xvᵉ siècle, qu'on nomme les incunables, parce qu'ils se rattachent aux plus anciennes origines, sont surtout français ou italiens. La langue française devenait de plus en plus le véhicule des idées. La France, héritière par Paris, de l'hégémonie universitaire du moyen âge, tendait à représenter la diversité et l'équilibre parmi les autres nations européennes.

RÉVOLUTION DANS LES IDÉES. Ce sens de la pondération et la mesure, la France eut à l'exercer, alors, dans une des circonstances qui décidèrent de l'avenir de l'humanité. En Allemagne et bientôt en Angleterre, la Réforme l'emportait. Les abus de l'Église romaine, la corruption des mœurs dans une partie du monde clérical, les scandales de la cour pontificale, la simonie, la vente des indulgences et le trafic des autels, la corruption dans les doctrines et les idées, non moins que dans les mœurs, avaient provoqué, par tout le monde chrétien, des ferments d'indiscipline et de révolte. Les esprits les plus nobles et les âmes les plus fières étaient les plus amers censeurs de l'état de choses existant.

LA RÉFORME. Depuis saint Bernard jusqu'à Jean Gerson, depuis Pierre d'Ailly jusqu'à Clémengis, tout le monde avait réclamé une « réforme ». La catholicité, affaiblie et désemparée par le « Grand Schisme », qui avait vu, en même temps, trois papes sur le trône pontifical, sentait les peuples se détacher d'elle. La plupart des nations chrétiennes refusaient « l'obédience ». A peine le mal était-il réparé à Rome, par la fin du Grand Schisme et l'élection de Martin V, que le Saint-Siège subissait une nouvelle épreuve. Les papes du xvIᵉ siècle, mêlés trop étroitement aux querelles des principautés italiennes, s'engageaient dans des affaires temporelles malheureuses et qui les ruinaient. Le Souverain Pontife, vicaire du Christ sur la terre, ne paraissait plus qu'un chapelain des empereurs et des rois.

LUTHER. Luther parut. Moine augustin, il s'arracha violemment à sa congrégation, rompit avec la discipline et, enfin, avec l'unité romaine; il fonda, en Allemagne d'abord, puis dans la plupart des pays germaniques du Nord, une nouvelle Église, l'Église de la « Réforme », l'Église réformée, appelée généralement, en France, Église protestante parce qu'elle *proteste* contre certains dogmes et certains rites de l'Église catholique. On eût pu croire que l'Europe entière, avec l'Allemagne et l'Angleterre, serait entraînée dans le mouvement. Cependant, les pays méridionaux, notamment l'Italie, l'Espagne, l'Autriche, la Bavière restèrent attachées à l'Église romaine.

Quel parti prendrait la France? Sa détermination pouvait être décisive. Selon qu'elle se jetterait dans l'un ou dans l'autre des plateaux de la balance, celui-là l'emporterait.

MARTIN LUTHER
(D'après le portrait du Musée de Florence. Photographie Alinari.)

LA FRANCE SERA-T-ELLE PROTESTANTE OU RESTERA-T-ELLE CATHOLIQUE? Elle fut longtemps en proie aux hésitations et aux doutes. A la cour de François Iᵉʳ et de Henri II, dans les centres intellectuels universitaires, dans les parlements, dans l'aristocratie, les sentiments étaient partagés. Une guerre civile affreuse se déchaîna, épuisant les ressources et les forces de la nation. Le duel était dans les consciences plus encore que sur les champs de bataille. La France faillit y périr.

Une mesure prise par le roi François Iᵉʳ avait sagement écarté du conflit une des difficultés les plus graves, celle de la sécularisation des biens ecclésiastiques. L'Église était si riche qu'on ne pouvait, sans péril, la laisser détentrice presque unique de cette fortune accumulée. Or, par le Concordat de François Iᵉʳ et de Léon X la question avait été réglée pour la France. Les « bénéfices ecclésiastiques » étaient mis à la disposition du gouvernement des rois, sauf entente avec les papes.

LE CONCORDAT DE FRANÇOIS Iᵉʳ. Cette difficulté aplanie, la question de conscience restait. Oui ou non, la France serait-elle catholique, serait-elle protestante ?

Après la longue épreuve des guerres de religion, elle eut la sagesse de ne pas se prononcer en tant que corps national sur le débat de doctrine et de conscience; la conclusion de ces longues et inexpiables querelles fut de laisser à chaque citoyen la liberté du choix individuel.

La France de la Renaissance, la France de Rabelais et de Montaigne se prononça pour la *tolérance*. Cette haute et sage décision prise par la France en pleine connaissance de cause, ne fut sanctionnée qu'après cinquante ans de guerres, au temps de Henri IV.

Henri IV et la Tolérance

STATUE DE HENRI IV
SUR LE PONT-NEUF.
(Photographie Lansiaux.)

LES GUERRES DE RELIGION. La Réforme de Luther, avec le caractère d'exclusivisme sévère que Calvin lui imposa, surtout à Genève, fut une pomme de discorde jetée entre les peuples européens. Le principal reproche que lui faisaient ses adversaires, c'est qu'elle portait atteinte à l'unité. Par elle, disait-on, « la robe sans couture était déchirée ».

Certes, le mal était grand, mais le remède fut douloureux. Il se fit, au milieu du monde chrétien, une profonde fissure qui amena des guerres infinies et des misères affreuses pendant plus d'un siècle. L'Allemagne, dont l'efflorescence jusqu'au XVIe siècle avait été incomparable, y courut un danger de mort. La France, champ de bataille des deux partis, en souffrit cruellement.

Ce fut du Midi que vint la première résistance. L'Espagne était alors gouvernée par les rois « très catholiques ». Leurs immenses Etats « sur lesquels ne se couchait pas le soleil », avec des armées puissantes, avec des flottes nombreuses, avec les ressources infinies que leur fournissaient les mines et les richesses naturelles du nouveau monde, furent dévoués à la défense de Rome. Philippe II se déclara le champion de la cause catholique.

PHILIPPE II, ROI « TRÈS CATHOLIQUE ». L'ESCURIAL. Ceux qui visitent, en Espagne, le fameux château de l'Escurial qu'il fit construire, — ordonnant qu'on imitât dans son plan la forme du gril où fut brûlé saint Laurent, en souvenir de la bataille remportée, en 1557, sur les Français, à Saint-Quentin, au jour de la fête de ce saint, — ceux-là sont frappés de la grandeur et du caractère de cette œuvre vraiment royale. Le monument est élevé dans un lieu isolé et sauvage où le vent gémit à l'orée des montagnes.

Construit en pierre grise, il n'offre aucune saillie, aucune décoration, aucune fleur. Mais la noblesse et la rectitude de l'ensemble s'emparent de l'esprit dès l'entrée, imposant l'émotion et le silence.

Une pompe inouïe préside à l'ensemble et au moindre détail. La chapelle, dont la coupole paraît aussi élevée que celle de notre Panthéon, est une cathédrale immense et fastueuse ; au fond de la crypte, les rois et reines de la dynastie reposent dans des cercueils de porphyre et d'or ; et tous les membres de la famille royale dorment, là aussi, leur dernier sommeil, comme s'ils faisaient une escorte suprême aux chefs de leur race, à leurs princes, jusque dans la mort.

Dans une tribune, à l'étage supérieur de la chapelle, une petite porte s'ouvre ; elle donne sur une chambre modeste, garnie de carreaux de faïence, meublé de chaises de paille et de tables de bois : au fond, une alcôve, et c'est là que

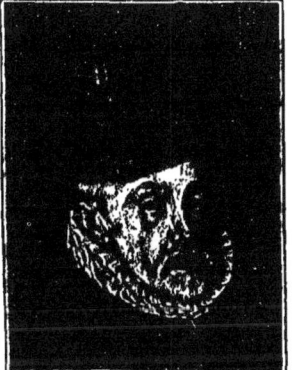

PHILIPPE II
d'après un portrait conservé à l'Escurial.
(Photographie Laroste.)

vécut de longues années et que mourut, à la fin, le puissant « roi catholique », Philippe, celui que ses sujets appelèrent, de son vivant, « le sublime » ; c'est de là qu'il dictait les ordres destinés à être exécutés dans tout l'univers. Cette humilité acceptée, cette sévérité et cette austérité voulues, parmi tant de splendeurs, peignent l'âme solennelle et triste de l'homme qui méditait au fond de cette alcôve obscure : Philippe II étendit son ombre mélancolique sur le siècle où il passa.

LA NATION HOLLANDAISE. Il y avait alors, en Europe, un peuple qui faisait un singulier contraste avec l'Espagne, naturellement fière et monacale, attristée encore par la grandeur rigide de son roi : c'était le peuple hollandais. Un territoire sauvé sur les eaux par un labeur constant, une richesse rapide due à une heureuse situation géographique et à une activité commerciale et maritime soutenue, des villes propres et saines, des habitations confortables, des canaux soigneusement entretenus, d'épais ombrages, des prairies plantureuses, des moulins à vent faisant tourner leurs grands bras dans les nuages, des ports encombrés, des pêches heureuses, des dunes dorées, un ciel et une mer baignées par une atmosphère lumineuse et atténuée, une vie

CHATEAU DE L'ESCURIAL
(Photographie Hauser y Menet.)

cordiale et joyeuse, avec drapeaux, bannières, corporations, fanfares; des conversations gracieuses dans de beaux jardins ornés de fleurs rares, de tulipes éclatantes et d'oiseaux venus des Indes; puis, des ripailles improvisées au bouchon des cabarets, des kermesses, des beuveries, du débraillement à la Teniers, ainsi s'étalaient, dans une tranquillité paisible et joviale, la confiance et l'optimisme d'un peuple bonhomme et réaliste.

Or, la Hollande, comme les Flandres, appartenait par droit d'héritage à la maison d'Espagne et c'est parce que le roi très catholique ne voulait pas que ses sujets du Nord devinssent protestants, c'est parce que ces hommes gais et simples, mais robustes et opiniâtres, prétendaient faire à leur tête et suivre leur conscience que la lutte éclata à partir de 1559, s'étendant et se propageant avec une rapidité inouïe chez toutes les autres puissances de l'Europe.

Philippe II avait décidé que l'Europe rentrerait dans le giron de l'Église catholique.

Avec l'Allemagne et l'Italie, l'Angleterre, le Danemark, la Suède et tous les autres membres de la famille européenne s'engagèrent successivement. Les guerres religieuses de France ne furent qu'un épisode de cette lutte universelle.

LE PROTESTANTISME EN FRANCE. Le parti protestant s'était développé en France, surtout dans l'aristocratie. Philippe II, usant de son influence sur les ministres italiens qui, sous la régence de Catherine de Médicis, gouvernaient la France, conseilla cet acte abominable, la Saint-Barthélemy (1572). On prétendait tuer le protestantisme en massacrant, d'un seul coup, tous les protestants.

La tuerie manqua son but : elle ne porta bonheur ni à ceux qui l'avaient conseillée, ni à ceux qui l'avaient exécutée. Cependant, elle rendit les passions plus hostiles. Les protestants exaspérés cherchèrent un appui au dehors.

Les armées étrangères furent introduites par les deux partis sur le sol français. En invoquant tous deux le nom du Christ, les adversaires se ruèrent l'un sur l'autre. Entre la Hollande, l'Allemagne et l'Espagne, le sol français devint naturellement le champ clos du combat.

LA LIGUE ET LES GUISES. Le parti catholique était le plus puissant et le plus populaire; il crut avoir raison du parti adverse en s'organisant et surtout en appelant au trône une famille nouvelle plus sympathique que la dynastie des Valois, la famille des Guise. Celle-ci s'était rendue populaire par de réels services. Le grand duc de Guise avait défendu Metz-la-Pucelle contre Charles-Quint et il avait repris Calais sur l'Angleterre (1558). En France, la passion crée vite l'enthousiasme. Quand ce premier duc de Guise fut assassiné par Poltrot, en 1563, le nom de son fils, Henri le Balafré, courut sur toutes les lèvres. La Ligue, appuyée sur l'Espagne, le portait au pouvoir. Il semblait qu'il n'avait qu'à saisir la couronne royale et à enfermer le faible Henri III dans un monastère.

Mais celui-ci était un Valois. Il sut cacher sa haine et attendit l'occasion de surprendre son adversaire. Henri de Guise fut assassiné à Blois et, ainsi, les chances de sa famille et celle de la cause catholique se trouvèrent singulièrement affaiblies.

Henri III ne devait pas profiter longtemps de cette sanglante exécution. Paris était occupé par les troupes de la Ligue et par les troupes espagnoles. Peu s'en fallut que Philippe II ne fît couronner alors l'infante, sa fille, en qualité de reine de France.

Mais, cette fois, la mesure était dépassée.

TENIERS. — FÊTE DE VILLAGE
Musée d'Amsterdam (Photographie Hanfstaengl.)

La nation eut le sentiment très net du péril que des dissensions aussi atroces lui faisaient courir. Les Etats de la Ligue se refusèrent à mettre le sort de la France entre les mains du roi d'Espagne. Des idées de modération, développées dans le fameux pamphlet de la

HENRI IV A ARQUES
(Peinture de la fin du XVIe siècle — Musée de Versailles.)
(Photo Hachette.)

Henri IV et la Tolérance

Satire Ménippée, commençaient à se répandre. Des deux côtés, on s'apercevait que ni les uns ni les autres ne gagnaient rien à prétendre imposer leurs convictions; on était las, on était dégoûté, on était assagi.

LE SIÈGE DE PARIS. Il n'y avait pas d'autre issue que la réconciliation nationale dans la modération mutuelle et dans l'apaisement. Les Français n'ont pas tant de raisons de se haïr : s'ils connaissaient mieux le sort de l'étranger, ils sauraient que, sans leurs discordes, la vie leur serait plus tolérable et plus douce qu'elle ne l'est nulle part ailleurs ; mais la vivacité de leurs passions les emporte ; il est vrai qu'elle les ramène, non moins rapidement, à l'union. Qu'une détente se produise, et tout est oublié!

Un homme se rencontra qui réunissait, en sa personne, les deux éléments hostiles et qui, à cause de cela peut-être, eut, au suprême degré, le génie de la conciliation : c'est Henri IV.

Henri IV, roi de Navarre, descendant, comme Bourbon, de la famille des Capétiens, était l'héritier légitime de la couronne de France. Mais il était protestant. Il y avait donc incompatibilité : ou, du moins, la grande majorité de la nation étant catholique, eût accepté difficilement un roi protestant. Henri de Navarre assiégeait Paris avec Henri III, quand celui-ci fut assassiné. La couronne lui revenait de droit; mais il fallait la conquérir en fait. Surtout, il convenait de trancher le problème de conscience qui était le problème du siècle et qui se posait devant le roi, comme il s'était posé devant le pays : se ferait-il catholique, resterait-il protestant ?

HENRI IV. Henri IV était un esprit avisé, prompt et réaliste. Nourri dans les camps, habitué à la vie rude et aux vives reparties des soldats, il ne s'arrêtait pas aux phrases solennelles et allait droit au fait : les « trognes », comme dit son contemporain Montaigne, ne lui en imposaient pas. Quand de vieux parlementaires lui faisaient de longues harangues, toutes farcies de latin, il les prenait par la barbe et les faisait descendre, non sans enjouement, de leur morgue prétentieuse et de leur éloquence affectée. Il était brave, spirituel, amoureux, fidèle à ses amis, le cœur chaud, la parole alerte, le trait piquant, mais jamais envenimé. Ses mots pétillants de spontanéité et d'à propos sont célèbres : « Pends-toi, brave Crillon; nous avons combattu à Arques et tu n'y étais pas! » Il voulait que son peuple mît la « poule au pot » tous les dimanches. Il s'écria, quand le dilemme lui fut posé par la mort de Henri III : « Paris vaut bien une messe! »

Paris était aux mains de la Ligue qui avait pour chef, alors, le duc de Mayenne. Paris sentait que l'heure était venue de faire la réconciliation : mais, si le roi voulait que le peuple vînt vers lui, il fallait qu'il fît les premiers pas, et qu'il allât, d'abord, vers le peuple.

Henri IV trouva, dans son cœur chaleureux et dans son esprit avisé, la solution qui était la plus sage et la plus simple. Il envoya des évêques vers le pape pour faire connaître son intention d'abjurer; il se fit instruire dans la religion de ses sujets, et, solennellement, il abjura. Il y avait, dans cette conduite aussi sage que loyale, une appréciation très exacte de la relativité des formules devant l'importance des résultats.

CABINET DE TRAVAIL DE PHILIPPE II
A L'ESCURIAL
(Photographie Larousse.)

HENRI IV RÉSOUT LE PROBLÈME DE CONSCIENCE. Cet acte était tout autre chose qu'une simple décision de conscience individuelle. Le roi de France ayant eu, successivement, dans son esprit et dans son cœur, les deux sentiments contraires, les deux croyances rivales, disait, de la façon la plus éloquente et la plus frappante, que ces deux sentiments, ces deux croyances ne s'opposent pas absolument et nécessairement; qu'elles se subordonnent à une loi plus haute ; que les formes importent peu, pourvu que le fond soit sauf, l'objectif suprême étant également relevé.

NÉCESSITÉ DE LA TOLÉRANCE. Il rompait en visière aux pédantismes et aux absolutismes sectaires; il disait en riant ce que pensaient tous les « bons Français », à savoir que peu importent les qualifications et les noms pourvu que l'homme soit loyal, sincère et bon. Semer la haine entre des concitoyens, entre des frères, au nom de doctrines qui invoquent la justice et la paix, cette contradiction est insupportable au génie de la race.

Etes-vous donc si sûrs de la vérité, que vous croyez détenir, pour prétendre l'imposer aux autres par la force? et, quand même, est-ce l'ordre qui vous est donné? où trouvez-vous un pareil enseignement et de tels exemples?

La France avait si cruellement souffert de ses longues dissensions religieuses, tant d'hommes avaient péri, tant de bûchers avaient été allumés, tant de massacres froidement ordonnés et exécutés, la vie commune était devenue si insupportable que cela ne pouvait pas durer davantage. C'était fini.

Après une si cruelle expérience de la vanité impuissante, de la haine et de la violence, on était bien obligé de reconnaître que la foi ne s'impose pas par le fer et par le feu; mieux valait en venir à se supporter les uns les autres, à se « tolérer ».

La tolérance, telle fut la conclusion des guerres religieuses qui avaient mis le pays à deux doigts de sa perte. La France fut la première des grandes puissances européennes qui sut inscrire ce principe dans son régime politique et dans ses lois. C'est peut-être son plus grand titre d'honneur et le plus grand des services rendus par elle à la cause de l'humanité.

LES VICTOIRES DE HENRI IV. Henri IV fut l'ouvrier puissant et ingénieux de cette œuvre immortelle. Il la réalisa par deux procédures, dues l'une et l'autre exclusivement à sa nature si sympathique et si admirablement douée : il la réalisa d'abord, à coups de victoires; s'il n'eût été le soldat brave, brillant et heureux qu'il sut être, s'il n'eût remporté des succès décisifs à Arques, à Ivry, à Fontaine-Française, s'il n'eût chassé l'ennemi du sol français et s'il n'eût imposé de loi aux deux partis rivaux, les dissensions civiles se seraient perpétuées. Quand on veut agir en maître, il faut être le maître ; pour conduire les hommes vers l'idéal qu'on se propose, il faut les gagner, d'abord, par de hauts mérites et par de grands services.

Henri IV, victorieux, réalisa ensuite ses conceptions par l'ingéniosité avec laquelle il sut satisfaire, de part et d'autre, les aspirations rivales. Son coup de maître fut la rédaction de l'édit de Nantes. L'*édit de Nantes*, ces trois mots seront, désormais, dans le langage de l'histoire, synonymes de pacification et de sagesse équitable.

L'ÉDIT DE NANTES. L'édit de Nantes assurait au protestantisme non seulement la liberté de conscience et la liberté du culte, mais une situation politique et militaire privilégiée. Les protestants restaient organisés en une sorte de fédération à demi indépendante, ils conservaient leurs états-majors, leurs armées, leurs places fortes, touchaient leur part des impôts, tenaient des assemblées particulières et obtenaient une représentation spéciale auprès du gouvernement.

Ces avantages étaient énormes ; en les leur reconnaissant, Henri IV constituait, comme on l'a dit depuis, un État dans l'État. Un jour ou l'autre, cette situation spéciale était appelée à disparaître : Richelieu devait l'anéantir, sous le règne suivant, en prenant la véritable capitale du protestantisme français, La Rochelle.

Mais, au moment où Henri IV traitait avec le parti réformé, ces concessions, si larges qu'elles fussent, étaient nécessaires. Elles mettaient fin aux discordes civiles et un tel résultat ne pouvait être payé trop cher.

LES TROUPES ESPAGNOLES QUITTENT PARIS
(22 MARS 1594)

« De l'une des fenêtres du Louvre, Henri IV leur crie : « Mes compliments à votre maître, mais n'y revenez plus ! »
(D'après une gravure de la Bibliothèque nationale.)

PARALLÈLE DE PHILIPPE II ET DE HENRI IV. Henri IV fut vraiment le type du prince français. Il eut la hardiesse et l'impétuosité, la pondération et la mesure. Son large sourire, dans sa barbe fleurie, illumine cette magnifique époque de notre histoire.

Qu'on compare la physionomie claire et rayonnante de notre roi Henri à la sombre et triste figure du grand roi espagnol, Philippe II. Celui-ci présida à la décadence de son peuple, l'autre fonda la grandeur de sa dynastie, L'un fut concentré et froid, l'autre fut ouvert et humain ; l'un fut appelé « le grand Roi » et l'autre « le bon Roi ». Le nom de Henri IV fut béni par de nombreuses générations de Français parce qu'il fit tomber les armes des mains et qu'il apaisa les haines; le nom de Philippe II est encore détesté parce que son esprit absolu fit couler le sang pour plier le monde à ses volontés.

LE " CHEVAL DE BRONZE ". Quand Henri IV eut péri sous le poignard de Ravaillac, sa statue fut élevée à Paris sur le Pont-Neuf. Elle y est encore, voyant passer, aux pieds du « cheval de bronze », le flot populaire.

Sur cette statue, la justice équitable de l'histoire devrait écrire les deux mots résumant les titres du roi Henri à la reconnaissance universelle : Liberté de conscience, Tolérance !

L'Age Classique

LOUIS XIV
*(Médaillon d'or de Pierre Puget
Musée de Versailles).*

LES AGES DES PEUPLES. Les peuples ont leur évolution comme les individus : ils passent par une série de phases où leurs corps et leurs âmes se transforment d'après des nécessités logiques, subordonnées aux lois de la nature et de l'expérience.

L'adolescent, esclave des sens, par où pénètre en lui la joie de vivre et la première connaissance de l'univers, ne cherche que la satisfaction de son exubérance active, dans la lutte, l'agitation des émotions et des passions. L'imagination excitatrice et créatrice est alors la plus puissante de ses facultés : cet âge est *l'âge artistique*; il s'est appelé, chez les peuples de l'Europe, Renaissance.

A ces premières impressions et impulsions s'en substituent d'autres, plus fortes et plus profondes. L'imagination ébranlée ne se tient plus à la surface des choses : elle tente de pénétrer dans leur for intime. Mais, par le mystère du monde, les curiosités trop promptes et trop ambitieuses sont surprises, déroutées. L'âme retombe sur elle-même; elle s'incline devant l'absolu, qu'elle constate sans le connaître. Elle proclame la grandeur insondable de l'ordre divin : c'est *l'âge religieux*.

Le sang s'apaise; à ses bouillonnements impétueux succède un cours plus régulier. L'âme des peuples, comme celle des individus, se replie sur elle-même; elle s'étudie, s'analyse, se complaît dans la maturité et la réflexion. Renonçant aux ambitions inassouvissables, elle mesure mieux sa force et utilise mieux ses ressources; un équilibre averti et harmonieux préside à l'emploi de son activité : c'est *l'âge classique*, ainsi nommé parce qu'il se conforme aux règles traditionnelles qui se gardent et se transmettent dans l'enseignement, dans « les classes ».

L'AGE CLASSIQUE. A la suite de l'âge classique, nous verrons se succéder, en France, *l'âge critique ou philosophique*, *l'âge héroïque*, *l'âge lyrique*, *l'âge scientifique*. Restons, aujourd'hui, à l'âge classique, à celui qui atteignit son apogée sous le ministère de Richelieu et sous le règne de Louis XIV, au XVIIᵉ siècle.

Le cardinal de Richelieu fut un génie dominateur qui contribua fortement à la maturité de la nation française, parce qu'il l'acheva territorialement, lui donna une organisation centralisée, dégagea sa formule religieuse, assura un caractère officiel et national à la production des lettres et des arts. Sa figure aiguë et tranchante révèle son caractère. Richelieu, gentilhomme poitevin, ayant découvert, dans sa propre nature, l'idéal de la nation, le lui dicta.

Ces grands hommes d'Etat sont des découvreurs d'avenir comme les Gutenberg et les Christophe Colomb. Certes, on ne peut les séparer ni de leur temps, ni du monde où ils paraissent; mais leur gloire est de ne pas s'y laisser enfermer. Ce sont les grands hommes qui, sculptant en traits sensibles leurs propres conceptions, les imposent à la vénération des autres hommes et déterminent les courants nouveaux. De là l'autorité des grands hommes : ils sont ceux qu'on imite. Mais de là aussi leur responsabilité : ils sont ceux qui conduisent ou qui égarent. Ils vont en avant comme les bergers précédant le troupeau; ils mènent où il leur plaît la foule humaine.

Henri IV avait été un de ces conducteurs d'hommes; Richelieu en fut en autre. Et c'est la succession de ces deux natures exceptionnelles (et de quelques autres, encore distinguées quoique moins éminentes) au gouvernement de la France qui hâta, en elle, l'éclosion de la maturité et de l'âge classique.

L'âge classique se distingue et se distinguera toujours des autres périodes de la croissance d'un peuple, par la pondération dans la force et la mesure dans la puissance.

NOTRE-DAME ET LES INVALIDES. Comparez le dôme des Invalides à l'église Notre-Dame : vous avez, par ce simple rapprochement, une définition de l'âge classique. Les deux monuments ont pour objet de traduire le même sentiment religieux. Mais, comme les temps, leur procédé d'expression diffère. La cathédrale gothique a été bâtie par des siècles anxieux, à une époque d'émotion violente et de trouble intellectuel profond; le dôme des Invalides s'est élevé dans une période de calme, d'apogée et de plénitude. La cathédrale gothique ressemble à une bête étrange; elle est toute en effort, en peine, en souffrance; on ne sait par quel artifice obscur elle se soulève pour s'élancer vers le ciel.

Voyez maintenant le dôme des Invalides : il repose sur un quadrilatère de murs solidement bâtis, formant un piédestal massif et ample. On sent que ce bloc est fait pour porter et qu'il résistera au poids énorme que l'architecte entend lui imposer.

Toute cette préparation est combinée pour élever dans les nues une couronne, une tiare, symbole de glorification et d'exaltation : c'est la coupole. Sur le tambour, la coupole s'élance étincelante d'ornements et de dorures ; elle est amortie par une lanterne qui s'achève, elle-même, en une flèche aérienne. Ainsi, depuis la base jusqu'au sommet, l'édifice se développe en un tout continu, harmonieux, puissant et délicat. Pas une ligne ne choque ; toutes se commandent et s'appellent. L'œil ni l'esprit ne sont inquiets ou tourmentés. L'architecte, Hardouin-Mansard, a trouvé le secret de l'élégance dans la force et de la simplicité dans la magnificence ; voilà bien une œuvre de l'âge classique.

On pourrait tirer, de cette comparaison, toute une définition de cet âge, en France, et l'appliquer au développement même de cet admirable XVIIe siècle qu'on appelle « le siècle de Louis XIV » et qui est plutôt le siècle français par excellence. A la base, les puissantes générations du temps de Henri IV et de Richelieu forment un piédestal incomparable, orné de portails sublimes et de puissantes colonnades. Les luttes nationales ont formé ces premières générations ; elles gardent leurs attaches au sol ; plus proches de lui, elles supportent, de leur masse équilibrée et robuste, la splendeur pompeuse du grand siècle doré. Ce sont donc, d'abord, les trois grandes assises du début du siècle, dont aucune autre partie ne dépassera la solidité et la profondeur : l'œuvre de Descartes dans la philosophie, l'œuvre de Corneille au théâtre, l'œuvre de Pascal dans la religion et la morale. Triple portique servant d'entrée.

DESCARTES. Descartes apprend à ses contemporains et à ses successeurs la méthode intellectuelle, l'art de raisonner juste et de penser droit. Descartes n'est pas un savant enfermé dans son cabinet. Il se mêle aux foules : c'est un homme d'action, un soldat. Il regarde la vie comme elle est, étudie le corps et l'âme sur des données exactes, avec un œil perçant, avec un esprit libre et dégagé. Il détruit ce qui subsistait du pédantisme scolastique. Descartes a la hardiesse, qui paraît alors extraordinaire, de dire les choses comme elles sont, comme il les voit. Il reconnaît la grandeur de l'homme dans le fait que l'homme *pense*. « Je pense, donc je suis, » écrit-il en tête de son fameux *Discours sur la Méthode*. Sur cela, il bâtit toute son explication de la vie et du monde. Personne ne nie que ce méditatif — qui fut aussi un grand mathématicien, un grand naturaliste — ne soit le père de la pensée et de la philosophie modernes. Il a dessillé les yeux de son siècle et de tous les siècles futurs.

CORNEILLE. Corneille proclame, sur la scène, la puissance du cœur humain comme Descartes a exposé, dans ses livres, la grandeur de la pensée humaine. Corneille est nommé « le grand Corneille » parce que, en lui, tout est grand. Le héros de ses tragédies, qu'il s'appelle le Cid ou Horace, Auguste ou Nicomède, ne fléchit pas sous les coups de la destinée, comme le héros de la tragédie antique. Au contraire, il résiste, il lutte. Dans le drame de la vie, il choisit toujours le devoir ; et cette conscience du devoir est telle qu'elle l'emporte sur tous les autres mobiles des actions humaines et sur le plus fort de tous, la passion. Le père d'Horace répond au messager demandant que pouvait faire son fils, accablé par le nombre : « Qu'il mourût ! » Auguste, affirmant la maîtrise de l'homme sur lui-même plus haute que la domination impériale, dit : « Je suis maître de moi comme de l'Univers. » Pauline brave le martyre, en s'écriant : « Je vois, je sais, je crois ; je suis désabusée ! » Si Corneille n'avait pas vécu, s'il n'eût pas été le père du théâtre moderne, l'humanité n'eût pas connu cette admirable expression de l'idéal par l'enivrement de l'héroïsme et du sacrifice. Corneille est le grand-maître du devoir sur cette scène où le spectateur n'allait chercher que le plaisir.

PASCAL. Pascal, dans le frisson d'une angoisse mortelle, voulut découvrir la raison et l'objet de l'existence. Pourquoi sommes-nous sur la terre ? Quel est le but de la vie ? Pourquoi « le roseau pensant » qu'est l'homme s'agite-t-il au souffle du vent et au caprice de la destinée ? La réponse à ces questions, — que l'homme ne peut pas ne pas se poser, — Pascal l'a cherchée, d'abord, dans la science ; et lui, le savant le plus étonnamment doué, peut-être, qu'il y ait eu sur la terre, il a vite reconnu les limites de la science, et il s'est détourné. Il a cherché la réponse dans le monde ; mais ni le monde, ni ses plaisirs courts, ni ses gloires brèves ne l'ont retenu longtemps ; de ces prétendues douceurs, il n'a goûté que les amertumes. Dans la morale, telle que les casuistes l'enseignaient, il n'a voulu voir que les complaisances banales, les compromissions dangereuses, les indulgences équivoques, — et il les a flagellées.

Quel refuge, alors ? — Dieu ! Pascal s'est enfui vers Dieu avec un cri d'épouvante, comme si la terre lui manquait. Il n'a reconnu, à l'homme, d'autre raison d'être et d'autre destinée que l'ambition du Ciel. Il accule son lecteur au fameux *pari* : ou l'anéantissement absolu après la mort, ou la soumission aveugle à la foi catholique. Mais cette injonction, où le mathématicien se retrouve sous le moraliste, se fond, cependant, dans un élan de charité. Et Pascal conclut par la plus belle parole, peut-être, qui ait jamais couronné une discussion théologique : « Tous les corps ensemble et tous les esprits ensemble et toutes leurs productions ne valent

BOILEAU ET MOLIÈRE
(Reproduction d'une peinture de Gérome.)

Enseigne-moi, Molière, où tu trouves la rime.
On dirait, quand tu veux, qu'elle te vient chercher.

pas le moindre mouvement de charité. Cela est d'un ordre infiniment plus élevé. » De même que Descartes est l'homme de la raison agissante et tranquille, de même que Corneille est l'homme du devoir héroïque, Pascal est l'homme en tourment de la Destinée; il est le type de ceux qui, selon sa forte expression, *cherchent en gémissant.*

Qu'un siècle, un pays, aient eu ces trois hommes, cela suffirait à sa gloire : or, ce n'est que le péristyle sublime d'un monument achevé.

LA FONTAINE. La grâce du vers a souri sur le siècle qu'avait assombri d'abord l'angoisse du tourment religieux. La Fontaine, le bonhomme, a réuni, autour de lui, un auditoire de petits enfants, et il leur a dit les contes de la mère l'Oye, « du temps que les bêtes parlaient». Le lion et le renard, ma commère la carpe avec le brochet son compère, Jeannot Lapin et dame Belette, Raminagrobis, le chat fourré, le héron au long bec emmanché d'un long cou, Bertrand avec Raton, l'un singe et l'autre chat, c'est une ménagerie qu'évoque la voix de l'enchanteur et ce sont des histoires humaines qu'il lui fait raconter en son ramage. Tout le frisson de la nature, le souffle du vent sur les roseaux, le tumulte des torrents, le mugissement de la tempête, le murmure des forêts, le chant des cigales et celui des rossignols et jusqu'au braiement de l'âne, tout se fait leçon pour l'homme. La sagesse, le bon sens, la fine ironie s'expriment par ces mille voix. Le Champenois distrait est un maître dans l'art de bien dire et de bien penser. Nulle autre nation n'a eu et n'aura son La Fontaine.

BOILEAU. Boileau tient la férule ; il combat pour la règle, pour la simplicité, pour le bon sens. S'il est un écrivain « classique », c'est lui. Mais sa leçon se répète un peu et son vers est lourd, à force d'être sage. « L'ennui naquit, un jour, de l'uniformité. »

MOLIÈRE. L'ami de La Fontaine et de Boileau est notre grand comique, Molière. Celui-là raille et fustige les vices et les ridicules des hommes. Selon la devise de la comédie, « il corrige en riant ».

D'un trait mordant, il découvre le fond des âmes : nul ne lui échappe, nul ne lui ment; il est le « contemplateur ». Ces hommes qu'il a observés et disséqués, il les reconstitue par un effort de son génie; il les fait vivre, les jette en pleine action, en pleine existence, sur la scène. Sa verve endiablée les anime : les voilà qui se heurtent, se bousculent, s'aiment et se détestent, se plaisantent et se mesurent devant nous ; et, toujours allant, venant, tourbillonnant, entremêlant leurs gestes, leurs rires, leurs éclats de voix, ils créent un monde immortel, plus vivant et plus vrai que les modèles dont le grand homme s'est inspiré. C'est Toinette, les deux poings sur la hanche, qui dit ses quatre vérités au bonhomme Argan; c'est Trissotin, plus ridicule, à lui seul, que les quatre facultés toutes ensemble; c'est Harpagon, odieux et risible comme son vice, le plus odieux et le plus risible des vices, l'avarice; c'est Scapin qui les raille tous; Alceste qui les méprise tous; Célimène qui les berne tous; Diafoirus qui les drogue tous; Philinte qui les admire tous; et Tartuffe enfin, le héros du mensonge et de l'hypocrisie, qui les trompe tous, pour être, à la fin, trompé et puni lui-même. L'âme mélancolique du grand rêveur domine ce monde burlesque et s'attendrit sur les amours sincères et sur les espoirs déçus. — Il est toujours du parti des jeunes, des amoureux. Il plaisante et il pleure; il souffre et il s'amuse. Il est, lui-même, le *malade imaginaire*; et le grand comique comédien tombe sur la scène, dans un accès de rire mêlé aux larmes, que le spectacle de la vie lui arrache, jusqu'à en mourir.

RACINE. Racine est le « tendre » Racine. Le grand siècle avait été le siècle des hommes : par lui, la femme prend la place qu'elle occupera désormais dans la vie française. Il y avait eu, à cette époque, une éclosion sans pareille de beautés, de vertus et de grandeurs féminines. Le siècle de sainte Marie de Chantal et de Jacqueline Pascal, le siècle de Mme de La Fayette et de Mme de Sévigné, le siècle de Mme de Montespan et de Mme de Maintenon avait vu tout ce que la noblesse, la grâce, l'adresse et la volonté féminines peuvent ajouter à la société.

La plupart de ces femmes illustres, Racine les avait connues. C'est elles qu'il voulut peindre dans son théâtre, et il substitua l'héroïne au héros. C'est Andromaque, c'est Monime, c'est Agrippine, c'est Bérénice, c'est Roxane, c'est Phèdre, c'est Athalie. Il y avait, dans ce raffinement délicat, dans cette nuance indiciblement exquise de la vie qui achève la culture humaine par la politesse des manières et la délicatesse des sentiments, une perfection, une fleur qui ne pouvait éclore qu'à la cour du grand roi. Racine fut le poète de cet hymne harmonieux en l'honneur de la femme. Il fit résonner les deux cordes, la pudeur et la passion, la résistance et l'abandon. Par lui, l'œuvre était achevée; dans sa finesse extrême, elle s'atténuait jusqu'à la fragilité ; mais sa pointe restait robuste, parce qu'elle reposait encore sur la réalité des sentiments humains.

BOSSUET. Ce beau monde, ce grand monde que fut la cour de Louis XIV, se serait enivré en son rayonnement de splendeur, de noblesse et de victoires, si un avertissement constant ne lui eût rappelé la faiblesse radicale de l'homme, et la vanité de ses œuvres en présence de la mort qui l'attend. L'éloquence des orateurs de la chaire et la franchise des moralistes et des psychologues ne manquèrent pas de lu donner cette leçon. « Madame se meurt, Madame est morte! » tel est le cri tragique qui retentit dans le palais des rois et que Bossuet répète, comme un avertissement funèbre, à ces princes que l'adulation des courtisans qualifie d'immortels ; et Massillon achève : « Dieu seul est grand, mes frères! »

LA ROCHEFOUCAULD, LA BRUYÈRE, SAINT-SIMON. Les analystes du cœur humain : le sceptique La Rochefoucauld qui ramène tous les mobiles de nos actions à l'amour-propre ; La Bruyère, sculpteur incisif de portraits et de caractères où chaque lecteur reconnaît son voisin, sans vouloir se reconnaître lui-même ; Saint-Simon, enfin, qui grave l'histoire du siècle d'une encre noire et mordante, ceux-là et tant d'autres qui, par centaines, au théâtre, dans la vie, dans des livres, s'épuisent à raffiner encore ce qui est exquis et à polir ce qui brille d'un éclat incomparable, tous travaillent pour la grandeur du pays et pour la perfection de l'humanité.

Ce grand siècle a eu les actes et les paroles, les arts et les sciences, les œuvres et les hommes. Tandis que Turenne, Condé, Luxembourg, Catinat et Villars remportaient des victoires et achevaient la lutte contre la maison d'Espagne en élargissant les frontières, Colbert, Louvois, Torcy servaient le roi, constituaient ses armées, son administration, son gouvernement. Mansard et Perrault bâtissaient ; Le Poussin, Claude Lorrain, Mignard peignaient ; Puget, Girardin et Coysevox sculptaient ; Lulli chantait ; Boule taillait dans le bois des meubles et des ornements que dessinait Berain ; Le Nôtre, enfin, traçait la somptuosité rectiligne des jardins.

VERSAILLES. Versailles, le palais de Versailles, résume, dans un effort unique, cette magnifique floraison du génie. Louis XIV choisit cet emplacement parce que la proximité de Paris et la beauté des bois environnants y permettaient des chasses fructueuses, sans un éloignement excessif. Mais tout y était à créer et Saint-Simon a dit de Versailles que c'était « un favori sans mérites ». Ces mérites qu'il n'avait pas, la volonté humaine sut les lui donner. Le château lui-même, où Louis XIV voulut respecter la construction d'un rendez-vous de chasse, de proportions minimes, qu'avait élevé son père, se développa, autour de cet embryon, en des lignes harmonieuses. Sur celle des façades qui regarde la ville, des cours rentrantes sont fermées par des ailes successivement plus rapprochées ; de l'autre côté, du côté des jardins, une façade unique dessine les trois étages superposés que couronne, avec des balustres et des pots à feu, une terrasse à l'italienne. Rien ne donne mieux l'idée de la magnificence que cette large ordonnance ; elle a été copiée depuis dans tout l'univers.

Et le château n'est qu'un détail — si imposant soit-il — de l'œuvre incomparable. Par des pentes et des descentes soigneusement aménagées, les jardins se développent, à l'infini, vers la campagne et enfoncent, vers un horizon indéterminé, les longues avenues rectilignes. Les eaux, qui sont devant le palais lui-même un *miroir* où il reflète ses splendeurs, suivent la pente et descendent en cascades, en gradins liquides ; puis s'arrêtent, s'élancent en jets d'eau, reprennent leur cours en canaux parallèles, s'étalent en nappes immenses dont on dirait qu'elles absorbent le ciel. Un peuple de statues, de groupes, de monuments animent cette splendide solitude. Les charmilles taillées de main d'homme, les arbres soumis au cordeau et au ciseau du jardinier, les bosquets, les labyrinthes aux multiples détours, les parties réservées où surgissent des groupes et des monuments imprévus qui sont, eux-mêmes, des merveilles, tout porte l'empreinte d'une volonté unique. Jamais la nature ne fut plus fortement asservie, assouplie, humanisée.

... Versailles est mort, la cour a disparu, les robes à paniers, les habits de soie, les perruques à marteaux, les épées en quart de civadière, toute cette existence factice s'est effacée ; Versailles est mort ; et, pourtant, il demeure ; il vit dans la mort ; il porte, pour des siècles, devant l'histoire, l'expression du génie d'un grand peuple et de la puissance d'un grand roi.

LE CRÉPUSCULE DU SIÈCLE. Le siècle n'eût pas été complet, il n'eût pas été humain, s'il n'eût connu l'auréole assombrie du malheur. La fin d'un règne trop prolongé fut attristée par la défaite, par les deuils public et privés. Louis XIV avait détruit l'œuvre si sage de son grand-père, en révoquant l'édit de Nantes. Il divisait ainsi, de nouveau, l'âme française. En portant atteinte à l'unité, il portait atteinte aux bases mêmes de sa puissance.

Louis XIV pesait à son peuple. Il avait vieilli et le siècle avait vieilli avec lui. Par les défaites et les frontières en péril, le dégoût croissait, l'opposition s'affirmait ; on cherchait de nouvelles formules, de nouveaux horizons.

Un familier de la cour, un prélat qui manqua l'occasion d'être ministre, mais qui fut un saint homme et un grand écrivain, Fénelon, exprima ces sentiments obscurs où il y avait surtout une aspiration vers des lendemains tout proches. Il écrivit, pour le duc de Bourgogne, héritier du trône, ce poème en prose, le *Télémaque*, qui n'est que la censure, à peine déguisée, du grand roi et du grand règne. Montesquieu raille et plaisante, dans les *Lettres persanes*, cette majesté surannée et ces perruques démodées. La magnifique façade s'est lézardée, l'édifice est miné. La critique est à l'œuvre : le XVIIIe siècle, le siècle des « philosophes », est déjà commencé.

L'Age Philosophique ou Critique
Le XVIIIe Siècle

LA FIN DU GRAND SIÈCLE. L'aiguille tourne au cadran de l'histoire. Les belles heures des apogées s'écoulent ; une règle trop rigide est insupportable à l'humanité. Les principes se corrompent par leur application même ; le modèle classique tombe dans le mécanisme et dans le poncif. La pureté devient sécheresse et la simplicité banalité.

Tout change ; et l'homme veut changer à son tour. Quand les générations nouvelles arrivent, elles croient qu'il n'y a qu'à faire place nette du passé. Les fils sentent, trop vivement, les défauts de l'œuvre des pères. Ils cherchent autre chose ; et, s'ils s'ingénient, cette « autre chose », ils la trouvent.

On n'attendait que la mort de Louis XIV. Le luxe, précisément parce qu'il s'était généralisé, était plus envié. Ce n'était pas seulement Versailles, Marly et les constructions fastueuses du roi qui paraissent lourdes à la France ; ce n'était pas seulement l'argent dépensé pour amener les eaux dans des jardins d'Armide, et l'argent plus abondant encore gaspillé, avec le sang des peuples, dans les « guerres de magnificence » ; c'était, partout, chez les seigneurs comme chez les princes, chez les laïques comme chez les ecclésiastiques, cet étalage insolent de dépenses superflues, de constructions, de fêtes, de splendeurs ! Il y avait un contraste trop violent entre ces jouissances arrogantes et la misère du paysan, « l'animal farouche, noir, livide et tout brûlé du soleil, qui fouille et remue la terre, » tel que le peignait La Bruyère.

Le privilège était de plus en plus exigeant et se justifiait de moins en moins. La noblesse se distinguait, moins par les services que par les prétentions et les titres. L'heure était venue où ces façons hautaines n'arrêteraient plus ceux qu'un respect traditionnel retenait encore. Quelques coups d'épingle dégonfleraient ces outres pleines de vent.

Le grand siècle se déshabillait lui-même. Les nièces de Louis XIV se réunissaient en petits comités pour fumer du tabac comme dans un corps de garde. Le Régent, qui gouvernait le royaume au nom de Louis XV enfant, donnait l'exemple de la dissolution et de la crapule. L'abbé Dubois, corrompu et corrupteur, faisait rougir la France de la honte de son gouvernement. Un aventurier étranger, l'Écossais Law, exalte les imaginations et provoque une véritable folie spéculatrice en promettant de faire couler à flots l'argent qui commençait à manquer partout. L'unité territoriale et l'hégémonie politique conquises à grand'-peine par les gouvernements antérieurs, est menacée par l'hostilité croissante de l'Angleterre et de la Prusse. Au lieu des victoires et des réalisations, on ne connaît plus que les défaites et les humiliations. Si Louis XV était encore une majesté, c'était une majesté trop facile, une majesté de petits cabinets, de petits soupers, avec, dans les dessous, les orgies de l'Œil-de-Bœuf et du Parc-aux-Cerfs. Ce n'est pas comme cela qu'on entretient le respect.

BEAUMARCHAIS — DIDEROT — D'ALEMBERT

L'heure était sonnée. Après l'apogée, la descente ; après l'œuvre, la critique. L'âge classique a, presque nécessairement, pour contre-partie et pour antinomie la résistance des esprits indépendants, des irréductibles, des insubordonnés.

Ces hommes, au XVIIIe siècle, s'appelaient, eux-mêmes, les philosophes.

MONTESQUIEU. Si on cherche le mouvement dans ses origines, c'est à Bayle, auteur du *Dictionnaire historique*, et à Montesquieu, auteur des *Lettres persanes*, qu'il faut remonter. Montesquieu est le plus grand de tous. Peu s'en faut que sa figure n'atteigne à la hauteur des effigies qui avaient marqué les débuts du siècle précédent. Il commence par les *Lettres persanes*, comme Pascal avait commencé par les *Lettres provinciales*. Mais le caractère différent des deux siècles se remarque tout de suite : les *Provinciales* sont un livre de morale rigide et les *Lettres persanes* un livre de morale libre ; Pascal réclame une règle et Montesquieu se rit des règles.

Pourtant, Montesquieu est un homme grave ; c'est un magistrat, président au parlement de Bordeaux. Il s'est plongé dans des études infinies ; il puise dans l'arsenal des lois ; il a voyagé ; son érudition est immense ; à l'entendre, il ne songe qu'à consolider le gouvernement et le règne sous lesquels il vit. En fait, il se laisse emporter par le courant du siècle, et son œuvre renverse, abolit, détruit, fait table rase. C'est pour passer au crible de son intelligence incomparable le régime français qu'il travaille, pendant trente ans, à son livre le plus poussé et le plus puissant : *l'Esprit des Lois*.

La pensée de l'illustre magistrat, c'est que les sujets ont des droits à l'égal des princes et que les révolutions sont justifiées par des nécessités fatales, plus fortes que les engagements pris et les traditions respectées. Elle pourrait se résumer en un seul mot : il n'y a pas de droits contre le droit. Montesquieu affirme que la République sera le règne de la vertu. Ce parlementaire aristocrate est le premier et peut-être le plus redoutable des révolutionnaires.

VOLTAIRE. La figure de Voltaire échappe à l'analyse. Son œuvre si vaste, si abondante, si touffue, parfois si contrastée et si contradictoire, semble plutôt l'écho d'un siècle que l'entreprise d'un homme. Le génie de Voltaire fut le miroir de tout ce qui vivait autour de lui. On dirait, parfois, qu'il ne se gouverne pas lui-même, tant il se livre au caprice du vent qui souffle et de l'inspiration qui passe. Auteur dramatique, conteur, historien, romancier, satirique, épistolier, publiciste, toujours en train, toujours en verve, toujours sur le pont, brave jusqu'à la témérité, prudent jusqu'à la poltronnerie, insolent aux grands de ce monde et, tout d'un coup, leur plat valet, à la fois grave et grimacier, sensible et sceptique, ironique et gobeur, il est l'image même de la France dans ce qu'elle a de meilleur et dans ce qu'elle a de pire. On l'aime et on le déteste, on le blâme et on l'admire ; ceux qui le discutent sont ceux qui subissent le plus son influence.

Ce qu'on ne peut lui refuser, c'est l'intelligence, l'invention et l'esprit, le tout à un degré que nul ne dépassa. L'esprit surtout : l'esprit endiablé, l'esprit qui jaillit du terroir français, de la source où puisèrent Rabelais, La Fontaine et Molière, l'esprit qui, en France, fait tout pardonner.

Esprit de finesse et d'ironie, certes, mais aussi esprit de justice, esprit du cœur. Cette puissance redoutable qui était en lui, Voltaire la mit, en somme, au service des causes justes et, s'il tomba dans l'intolérance, l'indécence, l'impudence (notamment quand il écrivit *la Pucelle*), ce sont là les misères du siècle où il vécut et l'abus de ce qui était devenu, pour lui, une dangereuse escrime. Voltaire est un exemple étonnant de prodigalité intellectuelle et vitale. Soixante-quinze ans sur la brèche, toujours malade et jamais las, il conserva sa force et sa gaieté jusqu'à la mort ; il meurt en pleine action et en pleine gloire. Voltaire est l'homme représentatif de la période qui s'appelle philosophique et qui est plutôt « critique » ; c'est le premier des journalistes : son œuvre immense, et en partie éphémère, eut, sur ses contemporains et sur ses successeurs, une influence irrésistible.

On ne détruit que ce que l'on remplace. Si le XVIIIe siècle n'avait fait que saper les doctrines et les principes du siècle précédent, son œuvre, toute négative, serait restée vaine et stérile. Aux croyances antérieures, il fallait substituer quelque chose. Les « philosophes » se fussent senti, eux-mêmes, indignes du nom dont ils se réclamaient, s'ils n'eussent, au moins, tenté une reconstruction. Ils élevèrent donc, sur les ruines du passé, leur édifice, monument énorme et massif, mais fortement charpenté et largement aménagé : *l'Encyclopédie*.

L'ENCYCLOPÉDIE. Jamais rien de tel n'avait été tenté. Donner au public un livre conçu sur un plan unique et dont l'exécution infiniment variée lui apporterait l'exposé complet de tout ce que la mémoire des hommes a pu enregistrer : la pratique et la théorie, la science et l'histoire, les arts plastiques, les arts mécaniques, la politique, la médecine, la jurisprudence... enfin tout ; ramasser, en une seule œuvre, la bibliothèque des connaissances humaines, la couronner par une tentative doctrinale appuyée sur l'expérience, tel fut ce vaste dessein. Le miracle, c'est qu'il fut réalisé. Il fut réalisé par une équipe d'hommes de lettres et d'hommes de science, parmi lesquels Diderot et d'Alembert.

Diderot, écrivain original, fécond, tourmenté, impulsif, fantasque, cynique, enthousiaste, verveux, et illuminé parfois par les éclairs et les intuitions du génie ; d'Alembert, savant éminent, a été dépeint en ces termes par Sainte-Beuve : « Quel plus honnête homme, plus modéré, plus sage, plus sobre, plus bienfaisant dans tous les jours de la vie que d'Alembert ? »

Ces deux hommes, avec la troupe qu'ils surent enrôler, menèrent à bonne fin l'œuvre énorme qui sapait les croyances en prétendant s'en tenir aux notions précises et pratiques que l'homme a pu réunir sur les conditions de son existence. C'était vraiment faire descendre la philosophie du ciel sur la terre.

L'œuvre énorme dort, maintenant, oubliée sur les rayons des bibliothèques. L'expérience, en effet, n'apporte pas une réponse suffisante à l'éternelle interrogation humaine. La science, toujours en travail, ne s'achève jamais ; l'homme vivant et mourant, n'a pas le temps d'attendre qu'elle soit finie. Il veut savoir, savoir avant de disparaître, savoir tout de suite.

Les exposés scientifiques, les notions accumulées dans l'*Encyclopédie* ont passé de date et, en vieillissant, l'ont entraînée elle-même dans leur désuétude. L'œuvre est morte ; mais l'effort était noble et il subsiste. Si les encyclopédistes n'ont pas été des réalisateurs, ils ont été, du moins, des précurseurs.

JEAN-JACQUES ROUSSEAU. Plus encore que les encyclopédistes, plus encore que Montesquieu et Voltaire, un homme devait ouvrir les portes de l'avenir : c'est Jean-

LE GARDE-MEUBLE ET LE MINISTÈRE DE LA MARINE SUR LA PLACE DE LA CONCORDE A PARIS
(Monuments élevés par J. Gabriel.)
(Photo Bouchette.)

Jacques Rousseau. Il n'est pas de gloire plus contestée; il n'en est pas de plus indéniable, si on considère l'intensité de la pénétration et l'étendue du rayonnement. Ce fils d'un horloger genevois est à peine un Français. Né hors de la frontière, il vient tard à Paris et se trouve, par ses origines, par son caractère, en contradiction déclarée avec le peuple dont il adopte la langue et dont il détourne, à son profit, l'autorité dans le monde et dans le domaine de l'idée. Si Jean-Jacques eût écrit en quelque dialecte romanche ou allemand, qui connaîtrait ses œuvres ?

Jean-Jacques est un triste, un grandiloquent, un souffreteux, tandis que la pensée française était apparue jusqu'à lui (même chez Pascal) comme une chose lumineuse, équilibrée, de belle humeur. Jean-Jacques, pauvre, mécontent, engagé dans des liens dont il ne sut ni rompre les entraves ni accepter les charges, semble voué par son caractère inquiet, par ses besoins modestes, par ses goûts solitaires, à l'obscurité, à la plainte lamentable, au découragement; bon, tout au plus, à copier, dans un grenier, ses interminables pages de musique pour alimenter une vie désenchantée.

Pas du tout ! Il se redresse; il tient tête. Si Pascal représente ceux qui « cherchent vers le ciel en gémissant », Jean-Jacques représente ceux qui luttent ici-bas, en protestant. L'œuvre de Jean-Jacques n'a qu'un nom : *revendication*. D'après lui, la civilisation a gâté la nature. Mais une pensée fière et indomptable peut corriger l'erreur de la civilisation. Il suffit de reprendre les choses *ab ovo*, à l'heure où fut commise la faute capitale qui a entraîné tant de conséquences funestes, c'est-à-dire à l'heure où fut signé le *contrat social*.

Jean-Jacques Rousseau est celui de tous les hommes qui a le mieux fait croire aux hommes qu'ils sont les maîtres de leur destinée et de leur bonheur, et qu'il suffit d'un papier bien rédigé pour que les choses prennent un cours meilleur. Ce papier, c'est la loi : « Faites de bonnes lois et vous aurez de bonnes mœurs, » disait-il. Tandis que la vérité est probablement tout à rebours : ayez de bonnes mœurs et vous pourrez vous passer de lois.

Jean-Jacques Rousseau croit ardemment à ces idées, à ces désirs, à ces sentiments qui agitent son cœur plus encore que son esprit. Il les expose dans une langue harmonieuse et rythmée, dont la caresse pénètre jusqu'à l'âme et l'endort sans défense. Il conquiert la renommée par le fameux *Discours sur l'inégalité parmi les hommes*; puis c'est l'*Émile*, manuel de pédagogie où le rêve irréalisable plane sans cesse au-dessus d'une touchante réalité; c'est *la Nouvelle Héloïse*, roman passionnant et qui répand, pour un siècle, la contagion de la « sensibilité »; c'est le *Contrat social* qui dirigera, plus qu'aucun autre livre, les aspirations révolutionnaires; et c'est, enfin, les *Confessions*. Les *Confessions*, voilà le vrai livre de Jean-Jacques. Il s'y peint lui-même, humble et orgueilleux, adorant le monde et le détestant, résigné et irrité. Que d'épisodes exquis et vraiment humains parmi d'autres où l'esprit du rêveur s'égare jusqu'à une sorte de fanfaronnade de vices ! Livre captivant et dangereux, surtout par le charme qui s'en dégage. C'est dans les *Confessions*, surtout, qu'apparaît l'amant de la nature, le romantique énamouré de la vie, mais impuissant à en jouir que Jean-Jacques fut au fond. Il laisse une œuvre immortelle, mais meurt malheureux, hagard, au bord de la folie.

Jean-Jacques est le patron de tous les révoltés : c'est par là qu'il est, plus que Voltaire lui-même, l'homme du XVIIIe siècle et l'avant-coureur de la Révolution. Oui, puisqu'il l'affirmait, le pacte social était brisé. Voici quelle fut la première leçon de son livre. Il rompit les sceaux qui ne tenaient qu'à peine. Trop aux uns, trop peu aux autres, cela ne pouvait pas durer. Si la société ne sait pas être équitable ou si elle ne s'efforce pas, constamment, de le devenir, elle se détruit elle-même. Les égoïsmes exacerbés engendrent la discorde. Tant pis pour ceux qui ne savent pas comprendre et qui ne savent pas céder à temps. Jean-Jacques sonna le tocsin d'un incendie qui couvait. Après lui, les flammes gagnent soudain et l'édifice majestueux et splendide va brûler dans la nuit.

Tant que les élèves de Voltaire occupaient les premiers plans, l'esprit avait pu suffire : Chamfort, Grimm, Rivarol, l'abbé Galiani, Beaumarchais, tous les railleurs paraissent plus plaisants que dangereux. On rit de leurs bons mots sans se rendre compte que cet acide détruit. Mais, maintenant, il ne s'agit plus de rire : la colère gronde. Rousseau et ses disciples, les Mably, les Raynal, les Condorcet, ont le regard sombre, l'œil mauvais : ils sont tristes; cela devient sérieux.

Et pourtant, il resta, jusqu'à la dernière minute, un espoir, une illusion. Qui pouvait penser que ce siècle souriant et tout à la joie, à l'élégance de la vie, se précipitait, avant sa fin, vers une catastrophe? L'art du XVIIIe siècle (et l'on sait combien l'art exprime vivement les sentiments des foules), l'art n'annonce rien de tel.

LES ARTS AU XVIIIe SIÈCLE. Les architectes ont allégé les formes solennelles du grand siècle; ils les ont affinées, assouplies, enrichies; mais ils n'en ont répudié ni les proportions élégantes, ni les dispositions équilibrées. La colonne et le fronton classiques sont toujours les motifs préférés. Seulement, une grâce exquise et insaisissable achève et couronne la beauté française. J. Gabriel, parent de Mansard, héritier de toute une famille de constructeurs, élève les deux édifices (le Garde-Meuble et le Ministère de la Marine) qui font, de la place de la Concorde, une des plus belles choses qu'il y ait au monde. Il construit l'École militaire, achève Versailles et le Louvre : Gabriel est le « maître des colonnes ». Louis construit les galeries du Palais-Royal, le théâtre de Bordeaux où il allie son talent sobre et ingénieux aux conceptions du marquis de Tourny.

Watteau, Fragonard, Boucher, Nattier, peignent pour Mme de Pompadour, Mme du Barry et les grandes dames de la cour de Louis XV; c'est un art perfectionné et raffiné à qui la puissance et la robustesse manquent,

WATTEAU   FRAGONARD   CHARDIN

mais qui a le nerf, la grâce, une élégance et une saveur indicibles. C'est l'esprit de Voltaire et la verve de Beaumarchais. Les dessinateurs et les graveurs, les Cochin, les Marillier, les Gravelot, les Moreau le Jeune illustrent d'une pointe aiguë et souple les œuvres de leurs contemporains. Il y a, dans tout cela, beaucoup de fantaisie, de caprice, de folie, rien de violent ni dangereux : ce sont *les Surprises de l'Escarpolette* et *le Jeu de la Balançoire*. Cependant Greuze s'attendrit et commence à verser une larme : il a lu *la Nouvelle Héloïse*. Chardin, plus voisin de Diderot, décrit minutieusement et amoureusement les intérieurs modestes et les vertus de la bourgeoisie : c'est une classe qui monte.

Quelque chose de nouveau apparaît. La découverte de Pompéi et d'Herculanum remet en honneur les proportions antiques et les vertus romaines. Le mobilier se fige et prend un aspect plus linéaire, plus hiératique, au moment où Soufflot attriste Paris en lui infligeant, pour toujours, la solennelle capote du Panthéon.

LOUIS XVI ; LA FIN DU RÉGIME. — En somme, pour ceux qui glissent à la surface du sol, selon le conseil de Voltaire (*Glissez, mortels, n'appuyez pas*), et qui restent sourds aux coups de mine qui l'ébranlent, tout est à la joie. L'un de ces privilégiés disait plus tard : « Ceux qui n'ont pas été de ce temps n'ont pas connu le bonheur de vivre. »

Un roi, vertueux et placide, sur le trône. Les succès remportés sur l'Angleterre dans la guerre pour l'indépendance des États-Unis d'Amérique avaient réparé les amertumes extérieures des dernières années de Louis XV. Des ministres probes, des esprits réformateurs, Vergennes, Turgot, étaient aux affaires : on pouvait attendre beaucoup de leur clairvoyance, appuyée sur une opinion publique qui avait réclamé leur avènement.

Une richesse et une prospérité nouvelles se répandaient sur les diverses parties de la nation. L'expansion coloniale produisait les résultats qu'avait prévus, trop tôt, la spéculation de Law. Le « commerce des Iles » enrichissait, réellement, la mère-patrie. Un disciple de Jean-Jacques, Bernardin de Saint-Pierre, écrivait le premier roman exotique, *Paul et Virginie*; et c'était une délicieuse et émouvante idylle.

Florian, Berquin, Trianon, *le Devin du village* : attendrissement universel, bergerade! Les modes mêmes se faisaient champêtres. Le linon, la mousseline, l'organdi, un chapeau de paille orné d'un ruban, le bonnet, le bavolet,... il n'y avait rien de trop simple, de trop naïf, de trop agreste, pour exprimer le retour à la nature et la volonté universelle d'effacer ce qui distingue, d'écarter ce qui blesse.

Un rien, et les antinomies, les haines, les passions hésitantes encore se fondront dans un universel embrassement. Que Turgot soit soutenu, que Necker ne soit pas combattu, et tout peut être sauvé encore...

Mais non; les partis pris sont trop accusés, maintenant, les passions trop violentes. Ni d'un côté ni de l'autre, on ne veut céder. Il y avait un poids trop lourd d'abus, de préjugés, d'injustices, pour qu'il se soulevât et s'écartât de lui-même. Aucun homme, quel qu'il fût, si énergique, si avisé, si prudent qu'on le supposât, n'était capable de donner le coup de balai qui nettoierait le détritus accumulé par mille ans d'empirisme et de brutalité à peine masquée sous les fleurs.

Or, Louis XVI n'a pas d'autorité, Marie-Antoinette pas de popularité. Turgot et Necker sont balayés par le vent de tempête qui s'est levé. Les Français, dans un de ces accès de dis-

TURGOT   ROBESPIERRE   MIRABEAU

corde et de fureur inexpiables qui les animent parfois, se sont mesurés du regard. Les frères se détestent; ils veulent en venir aux mains.

Les États généraux sont convoqués; la nation se prononce. Elle envoie ses députés pour demander des comptes au régime suranné qui s'écroule. On voit surgir, des rangs de la noblesse, la figure congestionnée de Mirabeau, et des rangs du tiers état la figure exsangue de Robespierre : « Sire, ce n'est pas une émeute, c'est une révolution ! »

La Révolution Française

L'Age Politique et Juridique

DÉPUTÉS DES 3 ORDRES
(Bibliothèque nationale)

Sous l'ancien régime, le Français était un sujet, il n'était pas un citoyen. On sait comment les choses s'étaient passées : à l'origine de la formation nationale et de ses extensions successives, il y avait une conquête. Il est vrai que cette conquête n'avait pas toujours fait exclusivement appel à la force. Les populations destinées à devenir françaises avaient désiré, pour la plupart, être unies au royaume; elles avaient traité avec le roi vainqueur et lui avaient imposé leurs conditions. En même temps qu'elles avaient subi un traité de soumission, elles avaient conclu un pacte d'union. Telle était, d'ordinaire, la nature de la transaction royale.

Ces réserves faites par les provinces ou les seigneuries, à la veille d'entrer dans le *consortium* national, s'appelaient les « libertés » ou encore les « privilèges ». « Sire, nous sommes vos sujets, disaient les Languedociens au roi, *mais avec nos privilèges.* »

LE SYSTÈME DU PRIVILÈGE. Il y avait les privilèges des États annexés ou *co-États*, comme le Dauphiné, la Bretagne, le Languedoc; il y avait les privilèges des ordres, comme la noblesse, le clergé, la magistrature, etc.; il y avait les privilèges des provinces, les privilèges des villes, des particuliers. C'était une confusion inextricable.

La loi elle-même était subordonnée au privilège; se trouvant aussi localisée, il n'y avait, pour ainsi dire, pas de loi générale. Il est nécessaire de remonter encore aux origines pour bien comprendre. Au moment de l'annexion ou de l'union, les provinces ou les seigneuries avaient profité des bonnes dispositions du roi pour obtenir qu'il respectât leurs lois particulières. Ce qui fut promis, fut tenu. Chaque région, chaque ville, chaque quartier eut ainsi sa loi, sa *coutume*, c'est-à-dire son régime spécial sur la propriété, sur la dot, sur les partages, sur les successions, etc., etc. Pour bien préciser par un exemple, dans telle ville, un côté de la rue assurait un douaire à la femme, et l'autre côté, non. La confusion était, de ce fait, encore plus grande que du fait des distinctions politiques. La plupart des habitants du royaume étaient engagés de bonne foi dans d'interminables procès. C'était le triomphe des hommes de loi.

Donc, au point de vue politique et au point de vue juridique, l'unité française n'était pas achevée. L'esprit logique des Français acceptait difficilement ces complications infinies qui, par l'abus qu'on en faisait, devenaient odieuses.

Si l'on veut résumer le système où s'attardait le royaume à la veille de la Révolution, il suffit de dire que c'était la conquête au sommet et le désordre à la base. On peut épiloguer tant que l'on voudra sur cette double constatation ; les adversaires les plus déclarés de la Révolution sont obligés de reconnaître que cela ne pouvait pas durer. Taine, dont la bonne foi ne saurait être mise en doute, l'a démontré mieux que personne : l'ancien régime était condamné ; un changement profond était devenu nécessaire.

Tout le monde souffrait d'un mal effectif, constant, irritant. Les privilégiés eux-mêmes n'étaient pas satisfaits, car il y avait concurrence entre leurs privilèges. Ce furent les défenseurs attitrés de la société, les parlementaires, les robins, qui prirent l'initiative des revendications et qui engagèrent la lutte.

D'ailleurs, le régime croulait de lui-même. L'argent manquait. La cour était acculée aux expédients; depuis un siècle on se confiait aux empiriques; les Law, les Loménie de Brienne nourrissaient le régime de viande creuse et de promesses illusoires. La réforme de Turgot n'avait été qu'un sillage vite effacé sur la mer profonde des abus. Quel que dût être le résultat d'un changement, on voulait changer. Cela, d'ailleurs, est dans le caractère du Français. Un régime nouveau serait toujours meilleur que celui qui avait vu la France gouvernée par le cardinal Dubois et les maîtresses de Louis XV.

LES ÉTATS GÉNÉRAUX. Le premier acte du drame fut conforme aux coutumes traditionnelles du royaume : Louis XVI convoqua les États généraux ; c'est ce qu'on avait fait du temps de Louis XII, du temps de la Ligue, sous la minorité de Louis XIII, toutes les fois que le pouvoir avait senti, de lui-même, que, pour mettre un terme à une situation inextricable, il fallait recourir à l'autorité et au concours de la nation. C'est donc le régime qui avait prévu cet appel. L'absolutisme de Louis XIV était la chose récente. Mme de Staël a dit, non sans raison : « Ce qui est nouveau en France, ce n'est pas la liberté, c'est le despotisme. »

Les Etats généraux convoqués en 1789 avaient, sur les assemblées antérieures, un avantage qui devait rendre leur action autrement décisive. Le débat engagé depuis un siècle, devant la nation, par les philosophes, avait éclairé chaque sujet sur ses droits politiques et sur sa situation juridique. On cherchait, en vain, dans les coutumes du passé une constitution qui méritât le respect : elle échappait aux regards, parce qu'elle n'existait pas : — Montesquieu l'avait établi. En vain eût-on remonté plus haut et invoqué un « contrat social ». Jean-Jacques Rousseau n'en avait trouvé nulle trace. Les classes privilégiées se fussent-elles appuyées sur leur utilité et sur les services rendus pour justifier un régime d'exception en leur faveur ? L'ironie de Voltaire avait levé les masques et montré la grimace derrière le sourire d'apparat.

La nation n'était rien : elle voulait être quelque chose. Le mot fut dit par Sieyès. Seulement, en l'appliquant exclusivement au tiers état, il présuma une résistance des deux ordres privilégiés qu'un œil plus perçant eût devinée nulle ou vaine; il fit ainsi une crise de discorde et de division d'un changement nécessaire, auquel toute la nation eût pu collaborer d'un seul cœur et qui n'eût été, alors, qu'une réforme profonde « dans le chef et dans les membres ».

Tel est le point de départ du conflit. Il vient de la division initiale en *ordres*, division qui était, d'ailleurs, un legs du passé. En opposant un seul ordre aux deux premiers, en les lançant les uns contre les autres, on donnait une apparente raison à la résistance, on décidait du caractère aigu de la Révolution.

L'histoire de la Révolution n'est pas à raconter ici : elle est dans toutes les mémoires. C'est un des événements les plus considérables qui se soient produits dans le monde. La crise révolutionnaire a non seulement labouré, jusqu'au fond, la terre de France, elle a jeté au loin des semences qui n'ont pas toutes germé après un siècle. Hier encore, la révolution turque, la révolution portugaise se réclamaient de la Révolution française. Partout, la *Marseillaise* fredonne sur les lèvres des opprimés.

LA RÉVOLUTION, CRISE DE DIX ANS. Cette histoire, énorme dans ses effets, est très courte dans le temps; il est prodigieux qu'elle ait tenu, tout entière, dans le court espace de dix années; c'est-à-dire qu'un homme qui avait vingt ans en 1789, vit la fin de la Révolution en 1799, alors qu'il n'avait pas trente ans et qu'il était sorti à peine de la jeunesse. Remontez, par la pensée, à dix ans en arrière dans votre propre vie, — c'est-à-dire, d'aujourd'hui 1911 à 1901, — et imaginez-vous que, dans ce court laps de temps, vous ayez vu passer cette chose complexe et formidable, cette catastrophe d'hommes et de choses qui s'appelle la *Révolution!*...

Les Etats généraux sont convoqués le 5 mai 1789. Le tiers état se déclare «Assemblée nationale », ce qui, d'un seul trait, change le caractère du régime et met le peuple, en tant que nation, à la tête de ses propres destinées. Par le serment du Jeu de Paume, l'Assemblée prend position en face de la royauté. « Allez dire à votre maître que nous sommes ici par la volonté du peuple et que nous ne sortirons que par la puissance des baïonnettes. » A partir de ce moment, les sceaux sont brisés.

Dans la nuit du 4 août, les privilégiés renoncent d'eux-mêmes à leurs privilèges. C'est alors qu'est publiée la « Déclaration des droits de l'homme et du citoyen », déclaration qui implique le caractère à la fois *politique* et *juridique* de la Révolution : des citoyens et non plus des sujets; un *droit* pareil pour tous et non plus des privilèges pour quelques-uns. Telle est la véritable portée de cet acte célèbre. On peut discuter ses termes et son caractère souvent emphatique et abstrait. Il reste les deux bases inébranlables sur lesquelles sera reconstruit non seulement en France, mais hors de France, tout le monde moderne.

L'ASSEMBLÉE CONSTITUANTE. L'Assemblée constituante entreprend, de bonne foi, la refonte générale du royaume. Mais les passions sont soulevées. La cour essaye d'organiser la résistance. Paris s'ébranle. Prise de la Bastille; le roi ramené à Paris. Louis XVI, dont on soupçonne les relations avec l'étranger, essaye de fuir. Les dispositions sont aussi mal prises pour le départ qu'elles l'avaient été pour la répression. Louis XVI est arrêté à Varennes. Un désordre affreux se répand dans le pays. Les pouvoirs anciens étant périmés, les pouvoirs nouveaux à peine constitués, l'anarchie est partout; en même temps, la misère, la famine, la crainte. Tout est en suspens, tout est en alarme. L'armée est divisée : on s'était battu à Nancy régiments contre régiments. Les officiers tirent l'épée, les uns contre les autres. La noblesse a émigré; elle va fomenter la haine de la France à l'étranger.

L'ennemi guettait les malheurs d'un pays dont la grandeur avait lassé le monde et dont l'exemple était redoutable aux monarques. La Belgique, la Pologne s'étaient soulevées et donnaient prise aux revendications des puissances. Celles-ci avaient les mains teintes du sang de la Pologne : une nation de plus à exécuter; et la France! Double profit. Par la convention de Pillnitz, la Prusse et l'Autriche s'entendent pour envahir le pays si Louis XVI n'est pas remis en liberté et les émigrés réintégrés (août-septembre 1791). La France est traitée comme rebelle à l'Europe. L'Assemblée se hâte de voter une constitution et elle se dissout. Ces

LE CHANT DU DÉPART
(Groupe de Rude — Arc de Triomphe de l'Étoile.)
(Photo Hachette.)

L'Age politique et juridique

grandes choses se sont accomplies en deux ans et trois mois.

L'ASSEMBLÉE LÉGISLATIVE. « L'Assemblée législative », convoquée par application de la constitution votée par l'assemblée précédente, n'est qu'un des pouvoirs de la monarchie constitutionnelle qui vient d'être établie. En fait, il lui est impossible de se renfermer dans son mandat. La force des choses la pousse, pêle-mêle avec l'ordre social tout entier, vers la catastrophe. A peine réunie, elle déclare la guerre aux puissances alliées. Le manifeste du duc de Brunswick menaçait de livrer Paris à une exécution sommaire et à une subversion totale. Louis XVI pouvait-il diriger une guerre dont il était l'unique objet ? Les premières rencontres ne sont pas favorables aux troupes françaises. Une émotion formidable soulève le pays. Les Girondins, qui voudraient peut-être rester dans la légalité, sont emportés.

CHUTE DE LA ROYAUTÉ. La crise aiguë est à son paroxysme au 10 août 1792. Le peuple se porte aux Tuileries. Le roi cherche un refuge au sein de l'Assemblée ; il est suspendu de ses fonctions. L'ennemi pénètre en France. La crainte, la vengeance, les passions atroces répandent une tragique fureur. Les massacres de septembre dans les prisons donnent l'exemple des folies sanguinaires. Heure affreuse ! Comment définir les sentiments qui poussent une population, douce et clémente d'ordinaire, des hommes civilisés à ces violences inexpiables ? De Paris, la contagion gagne, de proche en proche, tout le pays.

La canonnade de Valmy arrête l'invasion prussienne. La Révolution commence à trouver son expansion au dehors, en Belgique, sur le Rhin, dans la Savoie et le comté de Nice. La guerre victorieuse lui est une consécration. « L'Assemblée législative » a assisté à la chute de la royauté. Elle se dissout après dix-huit mois, pour laisser la place à une nouvelle Assemblée constituante : c'est la « Convention ».

LA CONVENTION. La Convention est le « Long Parlement » de la Révolution française ; son existence se prolonge du 21 septembre 1792 au 26 octobre 1795. On peut dire que ces trois années se détachent, en un relief effrayant, sur cette tragique épopée. La Convention n'a pas craint de s'appeler, devant l'histoire, *la Terreur*. La Convention balaye la royauté, juge et condamne Louis XVI, déchaîne la lutte entre les différentes classes de la nation, puis entre les révolutionnaires eux-mêmes. Elle marche, par une fatalité de violences, vers une sélection sanglante qui ne laissera plus subsister, sur la scène politique, si elle se prolonge, que des dénonciateurs et des bourreaux. Les gens qui jouent cette partie, la jouent froidement et y mettent leur vie pour enjeu.

LA TERREUR. Après Louis XVI et les royalistes, les Girondins montent sur l'échafaud ; après les Girondins, les hébertistes et les dantonistes. Les initiateurs succombent après les réacteurs ; les prisons regorgent : elles ne se vident, le matin, et ne se remplissent, le soir, que pour alimenter la guillotine. L'insurrection éclate dans les départements. L'argent, les denrées alimentaires, le crédit, tout manque à la fois ; c'est la « loi des suspects », la « loi du maximum », les « assignats ». Le culte catholique est aboli ; on élève des autels à la déesse Raison. Une minime partie de la population parisienne a usurpé le pouvoir et mène la France à coups de décrets. La Convention elle-même est subjuguée. L'infâme « marais » croupit dans l'impuissance.

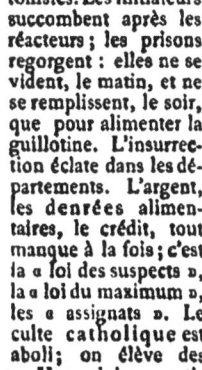
L'ATTAQUE DE LA BASTILLE
(D'après une gravure de Prieur ; Bibliothèque nationale)

Dans ce désordre, alors que tout est dissension, éboulement et ruine, le pays lutte contre l'Europe coalisée et contre la moitié de la France soulevée. La Vendée et la Bretagne sont en armes, Toulon est livré aux Anglais. Lyon insurgé vise à devenir la capitale du fédéralisme contre Paris. C'est le moment suprême (juin-août 1793).

La Patrie est en danger ! Le comité de Salut public, où se sont enfermés dans leurs propres résolutions, comme dans une citadelle, des hommes décidés à jouer leur va-tout, prend la direction effective des affaires. Il organise à la fois la victoire et la terreur... Un pays ne peut pas durer sous un tel régime. La guillotine n'est pas un instrument de règne. La pâle figure de Robespierre est l'image de ces temps douloureux où une froide démence s'accompagne de quelque grandeur.

Marie-Antoinette est guillotinée. Pourquoi verser le sang des femmes ?... Bientôt, c'est Danton, Camille Desmoulins, — l'éphèbe charmant de l'aurore révolutionnaire. Où s'arrêterat-on? Cette fois encore la logique des choses, la force des situations agit et prend sa revanche. « Celui qui frappe par l'épée, périra par l'épée. »

LE 9 THERMIDOR. Robespierre succombe au 9 thermidor, avec Couthon, Saint-Just et vingt-deux membres de la Commune. Hommes hardis, convaincus, violents, enthousiastes, désintéressés, mais d'une ambition aveugle et d'un sectarisme affreux ; capables d'entraîner les peuples, incapables de les maîtriser, — pas très intelligents.

La France était sauvée par les victoires de Wattignies, de Wissembourg, de Fleurus et aussi par celle du Mans. L'excès de tension nationale, qu'avait représenté le comité de Salut public s'était porté sur la frontière, et là, il avait accompli l'œuvre décisive pour laquelle, à l'appel de la patrie, tout le monde s'était levé.

Soudain tous les ressorts se détendirent, et ce fut comme un air de mollesse, de langueur, de vie douce à revivre qui se répandit sur le pays : c'est la réaction thermidorienne, précédant et annonçant la corruption du Directoire.

On peut dire que la Révolution est finie ; mais elle ne sait comment se clore. Les clubs ont été fermés, les comités se sont dissous ; la Convention elle-même, après une longue agonie, cède la place (octobre 1795).

Que va-t-il advenir de la France? Quelle sera l'issue? La crise effroyable sera-t-elle en pure perte? Va-t-on restaurer tout simplement l'ancien régime? Sinon, quelle ère nouvelle, quelles consécrations, quels résultats seront obtenus après tant et de si affreuses misères? Imaginez cette interrogation au fond des cœurs : des lendemains si obscurs après des jours si pénibles, et peut-être, pour finir, la déception d'avoir tant peiné et tant souffert pour rien!

On se bat dans Paris. L'insurrection est en permanence ; mais, cette fois, c'est l'insurrection royaliste, la réaction pour la réaction, sans but, sans chef, le bâton noueux au poing, les cadenettes au front, le poignard à la poche. Sauvera-t-on la Révolution ou la laissera-t-on à la merci d'un coup de matraque ou d'un coup de violence? La verra-t-on, palpitante, égorgée au coin d'une barricade ou au tournant d'un 13 vendémiaire?

Les armées sont en marche sur toutes les frontières et tombent sur l'Europe. Après la défensive, l'offensive. Les troupes révolutionnaires ont envahi la Hollande, débordent sur la Sambre, sur la Meuse, sur le Rhin, bientôt sur les Alpes, sur les Pyrénées. La vertu nationale s'est réfugiée là. Les régiments sont l'asile du courage, du désintéressement, du bon sens, du patriotisme. Tandis qu'ailleurs, on crie et on se heurte dans la nuit, ici, on agit et on triomphe en pleine lumière, en pleine gloire. De nobles figures se lèvent : Hoche, Marceau, Desaix, Kléber. Enfin, apparaît, froid, énigmatique, silencieux, les cheveux plaqués sur le front, le regard fixe, la Victoire sur la main tendue, Bonaparte.

LES VICTOIRES RÉVOLUTIONNAIRES. Campagne d'Italie : Montenotte, Millesimo, Lodi, Arcole, Rivoli ; à chaque étape son nom grandit. Campo-Formio : après la guerre, la paix! Tandis que le Directoire épuise ce qui reste de force aux dernières agitations révolutionnaires, le jeune général va chercher en Égypte le prestige des grandes épopées. Les Pyramides, Aboukir l'illuminent d'une auréole antique. C'est un Alexandre, un César. Son retour à Paris répond à l'attente universelle. Par le coup d'État du 18 brumaire (novembre 1799), il fait le geste attendu depuis trois ans : il clôt la Révolution.

La Révolution est finie dans sa période critique : maintenant, elle va se consolider dans ses résultats effectifs. C'est l'affaire de cet homme qui apparaît comme l'ouvrier de la Destinée.

La « Déclaration des droits de l'homme » a proclamé les principes de la Révolution ; le Code civil enregistre ses conquêtes. Faute de l'un ou de l'autre, la Révolution serait chose aveugle et incompréhensible. Entre ces deux textes, comme entre deux parenthèses, elle est toute renfermée.

CONCLUSION SUR LA RÉVOLUTION. Un état *politique* nouveau, un état *juridique* nouveau, l'unité de la nation, son *indivisibilité*, voilà les vraies raisons de la Révolution. Si tel était son programme, elle a réussi. Est-ce trop d'avoir payé ces résultats au prix de tant et de si affreuses erreurs? L'histoire hésite et hésitera longtemps encore à se prononcer. Est-il donc dans la fatalité humaine que tant de sang soit versé pour que le bien s'accomplisse?

La Révolution française n'en reste pas moins, devant l'histoire, une exaltation magnifique, incomparable, d'un peuple tout entier ayant pour mobile et pour idéal, le droit.

Ce peuple s'est parfois trompé, il s'est heurté à des difficultés imprévues, aux lois de la nature, à la force et aux jalousies de ses adversaires, à ses propres fureurs déchaînées. Il s'est trompé, il a souffert, pis, il a fait souffrir! Malgré tout, au fort de la crise, il est resté grand, brave, désintéressé. Il a versé son cœur sur le monde et, de cette largesse, le monde lui a gardé une gratitude et une gloire qui ne périront pas.

Cette foi élevée, ce labeur gigantesque ont renouvelé, dans les temps modernes, la source de l'héroïsme. La Révolution française est un des plus grands événements qui aient déployé, devant les siècles, toutes les grandeurs et, hélas! toutes les misères de l'humanité.

L'Age Héroïque et l'Age Lyrique

PROFIL INÉDIT, AU CRAYON,
DU GÉNÉRAL BONAPARTE,
PAR DAVID
(Collection de M. Chéramy.)

L'AGE HÉROIQUE. La surexcitation extrême de tout un grand pays, l'état d'exaltation dans lequel il vécut pendant dix années, l'acuité des sentiments et des passions populaires, les émotions et les commotions ressenties par tous, dans la vie particulière et dans la vie publique, cet ensemble de faits et de dispositions extraordinaires devait produire fatalement une expansion au dehors. Quand des forces s'accumulent avec excès, elles finissent par se dilater et faire explosion.

C'est ce qui arriva, en France, à la fin du XVIII° siècle. La Révolution, après s'être surchauffée en vase clos, éclata sur l'Europe. La lutte soutenue par le peuple français contre les puissances est un acte qui a tous les caractères de l'héroïsme : foi, courage, abnégation. La France des campagnes révolutionnaires, c'est la France des chansons de geste et des croisades. Hoche, Marceau, Desaix sont des paladins ; et combien, de moins connus, dont les hauts faits se sont perdus dans le tourbillon de l'épopée! combien de sergents comme Fricasse, combien de soldats comme Coignet!

L'EXPANSION RÉVOLUTIONNAIRE. Quand les siècles auront passé, l'ensemble et le détail ne formeront plus qu'une grave et belle légende aux lignes harmonieusement balancées.

Entre la France et les nations européennes, il y eut rupture et guerre, mais il n'y eut pas hostilité et haine. C'est peut-être la seule fois, dans l'histoire, que le vainqueur n'est pas odieux au vaincu. La formation nouvelle de l'Europe, comme la formation ancienne de la France, implique, en même temps qu'une conquête, une adhésion. Au début, on eût pu croire qu'une Europe renouvelée et libérée allait vivre et se développer à l'abri de la modération française ; mais ces crises exceptionnelles sont fatalement immodérées.

Le spectacle n'en est pas moins extraordinaire de voir un seul pays, à moitié détruit par ses propres dissensions, tenir tête aux coalitions. La disproportion des forces n'est compensée, certainement, que par la propagande des idées et la conjuration latente des âmes. On vit, à cette heure unique, ce que l'humanité a d'action et de rayonnement, ce qu'elle peut faire quand elle s'élève au-dessus d'elle-même et que son ressort intérieur est tendu vers le sacrifice et vers l'idée.

Dans la guerre engagée par la Révolution, il y avait deux guerres : une guerre « française » où la France travaillait à se défendre, à s'achever, à s'accroître ; une guerre « universelle » où la France travaillait pour le genre humain. Au coup de clairon donné par la Révolution, on vit l'Europe entière se mobiliser : d'abord, les armées se ruent les unes contre les autres ; bientôt elles se rangent sous un chef unique : ce chef de l'Europe armée, c'est l'*Imperator*, Napoléon.

L'IMPERATOR. Telle fut la destinée de ce Corse, issu de race florentine. Chef de guerre de la civilisation méditerranéenne, il façonna son siècle d'après les principes juridiques et politiques prônés par la Révolution, mais que la Révolution avait elle-même reçus, en héritage, de la tradition hellénique et surtout romaine.

Le Bonaparte « aux cheveux plats », général minable de bandes sans souliers et sans pain, devient le Napoléon au profil de médaille. Ou mieux, car il crée son type lui-même : il est le « petit caporal », qui, la main dans la redingote grise, scrute de l'œil l'horizon.

Les guerres napoléoniennes furent, d'abord, des guerres exemplaires, des guerres d'excitation et d'organisation. Tant qu'elles gardent ce caractère, elles ne sont que le développement logique des guerres révolutionnaires. Marengo, Austerlitz, Iéna, Eylau, continuent Valmy, Wattignies, Fleurus, Arcole : c'est le même dessein ; seulement le cercle s'est élargi. Ces victoires furent saluées par les peuples comme un bienfait un peu rude. Avec quels sentiments les Belges, les Italiens, les Polonais accueillirent la France apparue sur la frontière!

LA FRANCE IMPÉRIALE ORGANISE L'EUROPE. Les armées amenaient, avec elles, des initiateurs, des administrateurs, des ordonnateurs. L'Europe fut organisée, en somme, par les préfets de Napoléon. Les étrangers n'hésitent pas à reconnaître que les cadres de leur vie moderne remontent à cette époque. Les dominations à demi françaises, installées, d'abord, sous le nom de Républiques, ensuite sous l'étiquette de dynasties napoléoniennes, de Stockholm à Naples et de La Haye à Madrid, groupèrent les forces occidentales dans cette vaste unité qui avait pour lien la tradition antique.

Mais cette œuvre devait rencontrer sa limite et sa contre-partie ; elle se heurta à la résistance des puissances dont les origines et le sang sont opposés au sang et aux principes méditerranéens. L'Allemagne, en souvenir des grandeurs impériales, dont elle avait été, si longtemps, la dépositaire, hésita. Elle fut entraînée, à la fin, vers les deux centres d'opposition que créent, au nord, les Anglo-Saxons des Iles, et, à l'est, les Slaves, à demi engagés encore dans l'Asie et dans Byzance. Ces deux bornes arrêtèrent l'expansion française. Trafalgar et Moscou furent les journées décisives. Le vainqueur est vaincu. Le droit qu'il apporte rencontre un autre droit. La France est refoulée sur elle-même. Le Corse est enfermé dans ses Iles : Elbe, Sainte-Hélène. Le météore, après un orbe éblouissant, a sombré dans la nuit.

Le génie français, clair, abstrait, précis, n'a pas les richesses et les souplesses qui conviennent aux populations d'imagination puissante et fumeuse, nourries par la vaste Europe centrale. Lorsque les nationalités ont été appelées à la vie, elles trouveront leur fleur et leur fruit dans leur propre sol et sous leur ciel, sans avoir besoin de greffe étrangère.

La France est mise en souffrance, plus resserrée dans ses frontières rétrécies qu'elle ne l'était avant cette entreprise où la grandeur du dessein le disputait à la témérité de l'exécution. Elle est taillée, ébranchée, ligotée par l'Europe des traités de Vienne et la royauté de la Congrégation.

LE DÉS-
ENCHANTEMENT. Ce fut l'heure du désenchantement. Tous ces hommes, vibrant comme des arcs tendus, on les condamne au repos ; ces généraux de vingt-huit ans, ces soldats partis en sabots, capitaines avant de savoir lire, ces grognards à moustache qu'on appelait des vétérans et qui n'avaient pas quarante ans, ces « Marie-Louise » ayant gagné la croix avant que la barbe pousse, ces fils d'émigrés qui avaient tourné le dos à leurs aïeux pour se battre, ces fils du peuple qui tâtaient, dans leur giberne, le bâton des maréchaux ou la couronne des rois, cette élite de vaillants arrachée au cœur de la nation par la sélection de la mort, tous ces hommes, ces héros, retombaient sur eux-mêmes et enfermaient leur déception dans les vingt pieds carrés de la cabane paternelle ou du grenier des « demi-solde ». Après le plein ciel des journées légendaires, l'hypocrisie grise de la vie provinciale ou la misère noire du faubourg honteux.

Dans l'histoire, comme dans la nature, les forces ne se perdent pas. Le refoulement de la France sur elle-même eut pour conséquence une dérivation du génie national vers le seul champ qui lui restât ouvert, les lettres, les arts. Ne pouvant plus agir, la France chanta pour bercer son ennui. A la période *héroïque* succède la période *lyrique*.

A. CHÉNIER — CHATEAUBRIAND — A. DE VIGNY — LAMARTINE — V. HUGO — MUSSET

L'AGE LYRIQUE. Les hommes de la Révolution avaient été des orateurs et des politiques, les hommes de l'Empire avaient été des soldats et des organisateurs, les hommes de la défaite furent des littérateurs et des poètes. Et remarquez comme les esprits s'adaptent à la logique de l'histoire : cette génération du désenchantement, quelle est sa formule ? le *romantisme*.

A la fin du XVIIIe siècle, on eût cru, plutôt, à un retour vers les idées classiques. Tout n'était-il pas taillé sur le modèle d'Athènes et de Rome ? En quel temps les vertus antiques furent plus célébrées, plus prônées, plus affichées ? Marius, Brutus, Anacharsis, que d'existences vulgaires n'avez-vous pas nommées ? Quelles modes furent influencées, plus que celles du Directoire, par ces souvenirs, quand la Tallien, sur ses pieds nus, « faisait sonner ses anneaux d'or » ? Qui a recherché l'inspiration classique plus que David, peintre des Horaces et des Curiaces ?... Le XIXe siècle trouve, dans son berceau, *Télémaque* et l'*Iliade*, Tite-Live et Plutarque. Un poète, d'une inspiration exquise et d'une vivacité d'impression qui touche à la puissance, André Chénier, illumine, d'un seul trait, cette « renaissance » à son aurore :

Sur des pensers nouveaux faisons des vers antiques !

LE ROMANTISME. Tout porte donc le siècle naissant vers l'antiquité. Eh bien ! non. La veine s'épuise, à peine ouverte. Le Directoire a dégoûté des « vertus » habillées à la romaine. La défaite a fait sonner le creux des mots grandiloquents et des phrases emphatiques. Le ressort, trop tendu, s'est brisé. Le « peuple de braves » est dispersé ou captif ; la lyre est suspendue aux saules. Le vent gémit dans les cordes plaintives. Ce n'est plus l'antiquité et

PRUD'HON. — LE TRIOMPHE DU PREMIER CONSUL
(Musée de Chantilly.)
(Photographie Braun Clément et Cie)

L'Age héroïque et l'Age lyrique

sa pleine lumière, c'est le moyen âge, ses cimetières, ses apparitions, ses larves, dans des cloîtres éclairés par la lune blafarde. Les brumes d'Ossian nées aux mers septentrionales couvrent le ciel. L'invasion sanglante se double d'une invasion larmoyante. On va chercher les exemples chez les peuples qui ont triomphé par les armes : Shakespeare, Milton, Gœthe. Un exotisme mystique et trouble attriste les clairs esprits de la France endeuillée. Les héros vaincus saisissent la harpe et pleurent sur des ruines. Leurs tristesses, leurs douleurs, leurs angoisses, leurs misères sont un sujet suffisant pour alimenter le chagrin de leur sombre génie.

mentée et mobile, il l'a racontée dans ses *Mémoires d'outre-tombe*, le plus puissant et le plus pénétrant de ses ouvrages, parce qu'il s'y peint lui-même. Chateaubriand est le premier et le plus éloquent des lyriques français. Sa prose a un rythme, une harmonie, une cadence où n'atteignit que rarement la plus belle poésie.

LAMARTINE. Lamartine réalisa la vie que Chateaubriand avait rêvée : à la fois poète sublime et chef d'un gouvernement populaire, maître du rythme et maître des hommes, le plus harmonieux des poètes, le plus souple et le plus séduisant des orateurs, qui dédaigna la poésie pour l'éloquence jusqu'à ce que cette éloquence et cette poésie eussent sombré, avec lui, dans la faillite du lyrisme, juste au milieu du siècle.

DAVID — INGRES — DELACROIX — TH. ROUSSEAU — COROT — COURBET

Alfred de Vigny brise son épée ; il se vante d'avoir mis, « au cimier héraldique, une plume de fer ».

CHATEAUBRIAND. Chateaubriand est le maître du nouveau siècle. Fils de la vieille race bretonne, émigré, voyageur, diplomate, homme d'Etat, apte à tout, mêlé à tout, il lui plaît d'enfermer sa vie littéraire dans la désespérance et l'irrésolution d'un *René*. A ce peuple français, d'esprit si droit, si clair et si sobre, il apporte la magniloquence, l'emphase, la prodigalité fastueuse de l'imagination et du verbe ; sa grâce même a quelque chose de voulu, d'appuyé et d'excessif. Comme ces fleuves de l'Amérique dont il a dit la puissance, il déborde en nappes immenses, magnifiques et troubles. Contre Voltaire et contre les philosophes du XVIIIe siècle, il écrit *le Génie du Christianisme* et ce livre, où se cache une pensée politique, est l'évangile d'une esthétique nouvelle : cloches tintant dans l'air doré des crépuscules, processions parmi les blés jaunissants, femmes en prières au bord de la mer quand la tempête souffle, premières communions blanches aux porches obscurs des vieilles cathédrales, grandeur de la parole humaine quand elle se fait l'écho de la parole de Dieu, cette source abondante de beautés inobservées avant lui, surgit au coup de baguette qu'a frappé l'enchanteur. Promenant à travers le monde sa mélancolie livresque, en Espagne, en Italie, à Carthage, en Grèce, en Orient, à Jérusalem, il ne se fatigue jamais de regarder, de noter, de composer... et de gémir sur lui-même ; il est le prototype de l'homme de lettres voyageur, « le descriptif » ; sa phrase, sa langue, sa fécondité ne sont inégales ni à la variété ni à la splendeur des spectacles qu'il a recherchés. Cette vie tour-

Quand Lamartine chanta *le Lac* et *le Crucifix*, toutes les âmes furent touchées ; quand il écrivit l'*Histoire des Girondins*, toutes les imaginations furent ébranlées ; quand il salua le drapeau tricolore et sauva la France de l'anarchie, ce geste héroïque lui donna rang dans l'histoire. Ainsi, au cours rapide de cette vie unique, toutes les grandeurs avaient été atteintes, mais elles n'avaient pas été saisies, dominées. Dans l'aisance prodigieuse de cet homme beau, noble, généreux, fait pour l'amour et pour la gloire, il y a une sorte de négligence et d'abandon. Ces magnificences continues se répètent et finissent par fatiguer l'admiration elle-même. A tout, il est une mesure, même au sublime. Le poète du *Lac* n'aimait pas La Fontaine et cela ne lui a pas été pardonné.

VICTOR HUGO. Le romantisme, c'est Victor Hugo : le Victor Hugo poète, le Victor Hugo auteur dramatique, le Victor Hugo légendaire, le Victor Hugo exilé, le Victor Hugo au képi de garde national, le Victor Hugo de l'enterrement de Victor Hugo. Du début à la fin, toujours pareil à lui-même, toujours tendu, toujours gonflé, toujours éloquent, contrasté, infatigable, varié, impeccable, sublime, — un peu long. Victor Hugo est, plus encore que Chateaubriand, un descriptif ; plus que Lamartine, un lyrique ; plus que tous, un émotif verbal.

Bientôt sa maturité a dépassé la période du désenchantement. La tristesse d'Olympio ne peut pas toujours durer. Le poète, comme l'homme, affirme une volonté, une méthode, une doctrine. Il écrit alors *Hernani*, *les Contemplations*, *les Misérables*, *la Légende des Siècles*, quatre créations qui apportent au siècle et au pays tout ce que la littérature leur peut donner. Victor Hugo, fils d'un général, eût été, trente ans plus tôt, un officier solide, brave et fort. La destinée fait de lui le chantre des gloires et des grandeurs où il n'a pas participé. Mais, par la parole, il domine les temps nouveaux. De Victor Hugo, aussi, on peut dire : *Lui, toujours lui*... Exilé par l'autre Napoléon, il fait, du rocher de son exil, un piédestal; il étend, jusqu'aux limites de la puissance du verbe, l'autorité des lettres françaises. Après Chateaubriand, Lamartine et Hugo, il faut que les Lettres règnent ou qu'elles descendent de l'échafaud du lyrisme pour reprendre un contact plus immédiat avec la vie.

La révolution de 1830 a marqué cette première évolution; le sol se raffermit. On s'aperçoit soudain qu'il fait bon vivre. Elle est passée, l'heure du désenchantement.

L'instauration du philippisme semble, il est vrai, plutôt favorable, par réaction, à une suprême explosion du lyrisme. L' « artiste » et l' « homme de lettres » ne veulent pas être confondus avec le « bourgeois ». Si Olympio, pair de France, si Joseph Delorme, futur sénateur de l'Empire, se rallient, ils n'adhèrent à ces réparations confortables qu'en maugréant.

ALFRED DE MUSSET. Mais voici Alfred de Musset : il est le dernier fils du romantisme et son irrévérencieux croque-mort. Esprit étincelant et fantasque, il retrouve, en sa verve piquante, le sens des fines nuances et des tendresses délicates que ses aînés eussent déclarées trop fades. Son ironie alerte fait la nique à ces solennités moroses; elle les achève d'une chiquenaude et elle guide le retour, au bercail classique, du génie français retrouvé.

L'art avait donné, avec plus d'autorité encore, la même leçon. M. Ingres fut, pendant toute l'époque, le véritable mainteneur de la tradition classique; son dessin loyal et pur, sa fidélité têtue aux sincérités et aux franchises de la ligne n'avaient pas laissé l'école plastique s'égarer tout à fait. Le grand romantique Delacroix, âme troublée, avait trouvé, dans son génie de coloriste, les intuitions nécessaires pour le guider. Bientôt l'école reprend le contact direct avec la nature; elle ne veut plus connaître d'autres grandeurs et d'autres émotions que celles de la vérité.

L'ÉCOLE DE 1830. Théodore Rousseau raconte la puissance des chênes et la profondeur des crépuscules ensanglantés; Corot décrit la délicatesse des saussaies où les nymphes dansent au bord de l'eau; Millet laboure la terre dure et s'incline, avec le paysan, à l'heure où l'*Angelus* tinte; sous les ciels aux nuages rapides, Daubigny se tient à la simplicité rustique des champs de France; Troyon conduit les troupeaux à l'abreuvoir; Courbet, enfin, vagabond brutal et dru, surprend la fontaine murmurant aux sous-bois, la vague qui déferle aux rivages de la mer et rassemble, autour d'une fosse, les hommes terreux comme la terre qui s'entr'ouvre pour recevoir un homme.

Le romantisme se heurte au réalisme qui naît. Le romantisme avait eu une forme politique : le saint-simonisme et les écoles qui s'inspirèrent des doctrines « humanitaires »; il avait eu une expression plastique : le goût moyenâgeux, le gothique surmoulé, le genre troubadour; il avait eu des « mœurs » particulières : le byronisme, la désespérance, le sentimentalisme pleurnicheur et la morbidesse suspecte. Comme cette défroque paraît prétentieuse et vieillotte!

RETOUR AU GÉNIE CLASSIQUE. La vie, l'art se sentent tenus à des réalités plus sévères. On voit s'accomplir, même chez les adeptes survivants, une révolution intime qui les rapproche, comme à regret, de la pureté classique. Le retour à l'antiquité est déjà sensible dans *la Légende des Siècles*; il s'affirme chez les poètes de la lumière, Théophile Gautier, Théodore de Banville, Leconte de Lisle. Personne, en 1840, n'eût plus osé traiter Boileau de perruque et Racine de polisson.

Déjà, le génie de Balzac a brisé les cadres. Quoiqu'il ait évoqué un monde légendaire, dans le drame, aux cent actes divers, de la *Comédie humaine*, l'intensité de son observation, l'acuité de son regard donnent, à ses inventions les plus hardies, la silhouette de personnages vivants. Le père Goriot, le colonel Chabert, Rastignac et Rubempré sont des types, mais ce sont aussi des hommes.

Stendhal, moins abondant, moins dispersé, est un autre notateur de la vie vécue. Certes, Julien Sorel n'a oublié ni lord Byron, ni Chateaubriand, mais la vision de l'artiste est autre : elle découvre des gestes et saisit des accents qui eussent échappé aux grands aînés. Stendhal dit, dans une parole quasi prophétique, qu'il ne sera compris que cinquante ans après sa mort.

LA RÉVOLUTION DE 1848. La révolution de 1848 fait la coupure définitive. 1848 fut un accès de romantisme social généreux, mais impuissant parce que prématuré. Il est beau qu'un poète ait conduit une nation dans cette crise de foi, de charité et d'illusion. 1848 rompt avec la bourgeoisie des « classes dirigeantes », installe le suffrage universel, ouvre la porte à la démocratie. Cette révolution soudaine pose tous les problèmes. Mais, pour les aborder et les traiter, sinon les résoudre, il faut étudier, s'appliquer, voir les choses comme elles sont, à la lumière de l'expérience et des faits. C'est, maintenant, l'âge de la science et des réalités.

L'Age Réaliste et Scientifique

FIN DU ROMANTISME. — Le romantisme avait, jusqu'à un certain point, arraché la France à elle-même. Le génie de ce peuple, mesuré et clair, n'était pas fait pour cette outrance et cette grandiloquence soutenues. L'heure était venue où le fleuve débordé devait rentrer dans son lit. L'année 1848 sonna cette heure. Après le téméraire essai de romantisme social qui avait abouti aux journées de juin, il fallait reprendre les sentiers battus, à une allure plus modérée.

Cependant, des doctrines de 1848 il était resté deux survivances : au dehors, le principe des nationalités ; au dedans, le suffrage universel et le gouvernement de la démocratie.

On eut dès lors, par toute l'Europe, le sentiment que les peuples, les nations ne sont pas un héritage transmis de père en fils, dans les familles souveraines, ni l'enjeu des grandes combinaisons politiques, mais que les molécules qui les composent se rapprochent et s'agglomèrent en vertu de lois naturelles aussi puissantes et aussi inéluctables que les lois de la formation des corps dans le règne physique et organique.

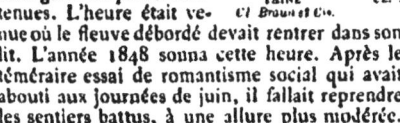

TAINE — Cl. Braun et Cie. CL. BERNARD DE LESSEPS — Cl. Nadar.

LE PRINCIPE DES NATIONALITÉS. — Les nations ont leurs affinités, leurs positions respectives par suite desquelles elles se forment et se déforment jusqu'à ce que les essais, cent fois répétés, arrivent à des résultats positifs et durables. Par exemple, les frontières sont presque toujours dessinées par la nature : des mers, des fleuves, des montagnes en accusent les contours ; de même des origines identiques font des familles, des tribus, des races qui arrivent à se grouper, à vivre unies, à combattre les mêmes adversaires, à échanger les mêmes produits. De ces données d'autres résultent : les dialectes, les mœurs, les lois peu à peu se fondent les uns dans les autres ; l'éloquence, la littérature, la mode, les habitudes de vie aplanissent leurs divergences et aboutissent à une langue, à une législation, à des mœurs « nationales » ; la conquête militaire est un martèlement qui modèle et achève la figure de la statue : un seul et même gouvernement politique s'impose, autant par la volonté soutenue des peuples que par le savoir-faire des chefs. Ainsi la nation est constituée.

Mais le cadre d'une nation a ses limites : à une certaine distance, les ordres n'arriveraient pas en temps utile et ne seraient pas exécutés dans l'esprit qui les a dictés. Il faut à un peuple une capitale, un centre vers lequel se produit la circulation du sang et des idées. C'est le cerveau et le cœur de la nation, l'organe dirigeant et pensant qui lui donne l'âme et la vie.

Nous avons vu la France s'organiser en vertu de ces lois et réaliser, la première, une unité nationale pondérée, équilibrée, bien définie. Elle donne l'exemple au reste de l'Europe. On ne peut nier que le principe de la nationalité rayonne d'elle, après la grande Révolution : les décrets de la Convention des 19 novembre et 15 décembre 1792 proclament la résolution de cette assemblée « d'aider tous les peuples qui voudraient conquérir leur liberté ».

A partir de cette époque, la doctrine s'insinue dans la politique européenne : en Pologne, en Belgique, en Italie, en Allemagne, les membres séparés des peuples frères cherchent à se réunir. Après 1815, le principe règne dans les esprits et bientôt il s'installe dans les faits par une sorte de réaction contre ce qu'il y avait d'arbitraire dans les traités imposés à la France et aux populations européennes.

L'ITALIE ET L'ALLEMAGNE. — Parmi ces populations, il en était particulièrement deux qui, depuis des siècles, vivaient désagrégées, disloquées sur leurs territoires, quoiqu'ils se reconnussent une certaine unité géographique et ethnographique : c'était l'Italie et c'était l'Allemagne. La politique française s'était longtemps appliquée à les maintenir dans cet état de faiblesse, suite de leur désunion : longtemps ce fut, à Paris, une maxime d'Etat de ne pas laisser se créer, aux portes de la France, de puissantes nationalités.

Mais les lois historiques et l'expansion même des idées françaises avaient fait leur œuvre et, après 1848, la question était de savoir si la France devait continuer à s'opposer plus longtemps à la formation de ces nationalités qui voulaient naître ou si son intérêt bien entendu n'était pas de faciliter leur naissance.

Les deux systèmes étaient plausibles. Le second Empire, qui avait succédé, par le coup d'Etat de 1851, à la République de 1848, hésita ; il se prononça pour deux solutions différentes, selon qu'il s'agissait de l'Italie ou de l'Allemagne. Par la guerre de 1859, il aida à la formation de l'unité italienne ; par la guerre de 1870, il se heurta à la formation de l'unité allemande. Un moment, après 1860, il se trouva l'arbitre de l'Europe ; et puis, en 1870, il fut vaincu et la France subit les conséquences de la défaite par la perte de deux provinces. Tels furent les résultats contradictoires et finalement funestes de la poussée du romantisme politique qui avait porté la France, dans une heure de sentimentalisme politique, à se mêler aux affaires des autres peuples. La France avait été généreuse, mais n'avait pas pu ou su l'être jusqu'au bout et son magnifique élan s'était heurté à la cruelle *réalité*.

La réalité, telle est la maîtresse des peuples comme des individus : de partout à la fois, cette leçon tombait, comme une douche glaciale, sur la bonne volonté d'une génération enthousiaste. A l'intérieur, l'avènement de la démocratie et du suffrage universel rencontre une première désillusion. On avait cru que le peuple libre al... s'emparer de la direction des affaires publiques et s'en servir pour son propre bien, dans les sentiments les plus nobles et les plus élevés. Montesquieu n'avait-il pas écrit que la République avait pour principe la vertu ? En fait, les discordes civiles avaient abouti à une sorte d'épouvante anarchique et, après les journées de juin, où un affreux malentendu s'était produit entre le peuple et ses chefs, le coup d'Etat de Décembre avait eu pour suite l'avènement d'un second Empire, acclamé par des plébiscites répétés ; le peuple s'était donné à lui-même un maître.

LE PRINCIPE DÉMOCRATIQUE. Ce maître, Napoléon III, avait encore dans l'esprit et dans le cœur des traces de ce mal du romantisme dont la génération précédente était atteinte. Nous l'avons vu diriger, d'abord, sa politique extérieure selon le principe des nationalités, déchirer les traités de 1815, ce qui lui permit de compléter le territoire français par l'adjonction du comté de Nice et de la Savoie ; mais, à la fin, ce principe même se retourne contre lui. De même, nous le voyons, à l'intérieur, hésiter entre deux systèmes qu'il applique successivement : d'abord l'autoritarisme quasi absolu, puis une certaine adaptation du parlementarisme ayant pour couronnement l'« Empire libéral ». On ne peut nier ses tendances « sociales » et sa volonté d'adoucir le sort des classes les plus nombreuses et les plus pauvres. En cela, il se montrait fidèle à ses premiers maîtres, les saint-simoniens. Mais il veut, en même temps, ménager les classes dirigeantes, et la conciliation n'est pas des plus aisées. La formule de son gouvernement : « Travailler *pour* le peuple, non *par* le peuple » contient une contradiction irréductible.

Le peuple seul connaît les besoins et les aspirations du peuple. Vers la fin du règne, la double contradiction apparaît, au dedans et au dehors, et tout est emporté dans la catastrophe de 1870. Ici, encore, les doctrines échouaient devant la *réalité*.

LE RÉALISME. La littérature et les arts qui présentent, toujours, une expression si juste et si adéquate des sentiments et des instincts des foules, avaient déjà prononcé le nom qui résumait ces aspirations : le *réalisme*. Le réalisme est une réaction contre le lyrisme. Chateaubriand, George Sand, Lamartine passent de mode. Victor Hugo survit et se défend, mais il se transforme. La rude satire des *Châtiments* le soutient devant la partie la plus avancée de l'opinion. Ce qu'on reproche au romantisme, c'est l'enflure, la stérile abondance, la prodigalité verbale, une tension excessive des facultés qui, par son exagération constante, tombe dans la convention et le procédé. Il y a des poncifs qui ne sont pas classiques et qui sont des poncifs tout de même. Soyons simples pour être vrais ; considérons la nature de plus près pour la voir plus exactement et la traduire plus finement.

Le plus achevé des écrivains réalistes est Gustave Flaubert. Certes, il n'est pas entièrement dégagé du parti pris romantique. *Salammbô* et *la Tentation de saint Antoine* sont plus près de Chateaubriand que de Balzac. Mais ce ne sont pas là ses œuvres caractéristiques. *Madame Bovary* et *l'Éducation sentimentale* témoignent d'une observation pénétrante et aiguë appliquées aux faits de la vie ordinaire. Il est vrai, qu'à la façon dont ces faits sont notés, ils prennent une telle intensité qu'ils deviennent épiques. C'est cette acuité de la vision, cette vigueur du burin qui affirment le véritable génie de Flaubert. L'école, comme le maître, cherche, avant tout, la perfection du rendu ; sa formule est *l'art pour l'art*.

Émile Zola se réclame aussi de l'école réaliste ; mais, dans son œuvre, si la peinture de la vie est plus large, elle est plus molle et plus flottante. Personne n'a, plus que lui, le don d'évoquer et d'animer les foules ; mais son parti pris de vulgarité et de sensualisme porte atteinte à la pureté de l'art ; il y a encore du romantisme dans ce grossissement qui s'avoisine à la grossièreté.

Quel contraste avec la fine et spirituelle inspiration d'Alphonse Daudet ! La nature sobre, riche, élégante de l'auteur des *Contes de mon Moulin* fleure la lavande et les herbes odorantes des Alpilles. Daudet, c'est le Midi, et s'il pince sans rire le Tartarin de Tarascon, le Midi lui a pardonné pour l'art avec lequel il a transposé, dans le parisianisme le plus exquis, tout le félibrige du grand poète de *Mireio*, Mistral.

En poésie, les tendances réalistes exercent naturellement une action plus discrète. Elles portent, surtout, au perfectionnement extrême

PASTEUR
(D'après le portrait peint par Edelfelt.)
(Sorbonne.)
(Photographie Hachette.)

de la technique. On consacre à la versification, à la rime, à la propriété de l'expression un zèle sans défaillance. La conscience, la sévérité envers soi-même sont les premiers devoirs et se substituent à l'inachevé, au flou, au vague sentimentalisme dont s'était satisfaite une partie de l'école romantique : seul, un artiste impeccable a le droit de parler le langage des dieux.

LE PARNASSE. La nouvelle école est classique par le goût de l'antiquité, l'amour du grand jour et de la pleine lumière, la manière courte et sobre, la pureté de la langue et le choix, longtemps pesé, des idées et des mots ; mais elle n'a pas renié les conquêtes du romantisme : un vers plus souple, plus harmonieux, plus éclatant, une plus grande variété de rythmes et même une envolée lyrique, plus délicate et plus contenue, font le charme de cette inspiration dont le souffle reste, d'ailleurs, un peu court. C'est l'école du *Parnasse*.

Leconte de Lisle est son maître : ses *Poèmes antiques*, ses *Poèmes barbares*, ses traductions d'Homère et des tragiques grecs puisent à toutes les sources de la légende, de l'archaïsme et de l'exotisme, pour y trouver une conception de plus en plus variée et de plus en plus pure de la beauté. François Coppée chante la chanson des humbles : sa muse pédestre suit le citadin dans ses promenades des rues et des faubourgs ; elle trouve une poésie imprévue aux spectacles de l'existence journalière : *la Grève des forgerons*, *le Petit Épicier de Montrouge* se dramatisent en menues épopées. C'est *la Légende du peuple* après *la Légende des siècles*.

Voici, enfin, l'impeccable José-Maria de Heredia, dont *les Trophées* resplendissent, en pleine lumière, comme une armure suspendue aux colonnes du temple de la Minerve antique. Heredia hérite de toute la tradition latine. Né aux Antilles, il vient apprendre, en plein cœur du Valois, à Senlis, le fin parler de la « doulce France ». La belle histoire étincelante de la civilisation méditerranéenne reluit dans son œuvre, dont la brièveté sonore touche à la perfection.

L'HISTOIRE. Ainsi la poésie emprunte ses plus nobles accents à l'histoire. C'est que l'histoire a pris, sur des générations avides de connaître les réalités, l'autorité qui n'appartient qu'à cette « maîtresse des hommes ». Puisqu'elles ne sont plus disposées à se payer de mots, où trouveraient-elles des données plus positives que dans les annales du passé ? Chateaubriand, lui-même, avait ouvert les voies. En écrivant l. *Génie du Christianisme* et les *Études historiques*, il avait versé l'inspiration aux premiers historiens du siècle. Augustin Thierry a dit l'impression produite sur lui par le passage où Chateaubriand rappelait le chant des soldats mérovingiens : « Pharamond, Pharamond, nous avons combattu par l'épée! » Et, en effet, Augustin Thierry évoque, à son tour, le tableau des origines françaises et débrouille l'histoire du moyen âge, si mal connue avant lui. Mignet, après avoir ramassé, dans une œuvre courte et savoureuse, un premier exposé complet et philosophique de la *Révolution française*, se consacre aux années éclatantes des XVI° et XVII° siècles. Guizot présente un tableau magistral du progrès de la civilisation en France et en Europe. Thiers reprend, en des proportions plus larges, l'*Histoire de la Révolution* et bientôt, par un labeur qui se prolonge pendant le long espace de temps où il est éloigné de la vie publique, il fait vibrer la France, au récit éloquent et émouvant de ses grandeurs récentes, en écrivant l'*Histoire du Consulat et de l'Empire*. Henri Martin, dans une sage et noble ordonnance, expose le développement complet de la vie du pays, tandis qu'un admirable écrivain, Michelet, reprend le même sujet, avec un sens artistique plus évocateur et plus ardent, mais, parfois, plus téméraire et plus risqué.

La richesse de la production historique, le renouvellement des bonnes méthodes en érudition, en philologie, en archéologie, les travaux divers, où s'illustrent les Champollion, les Burnouf, les Jules Quicherat, les Gaston Paris, les Léopold Delisle, suffisent à peine à satisfaire le goût, la passion de la vérité et de la sincérité qui animent les générations nouvelles. Un écrivain d'une autorité et d'une tenue qui touchent à l'austérité, Fustel de Coulanges, raconte la vie de *la Cité antique* et reprend les origines de notre vie nationale, tandis qu'Albert Sorel et Vandal, poussant à fond la recherche laborieuse dans les archives, reprennent en sous-œuvre les exposés de Mignet et de Thiers et refont l'histoire toujours à refaire de la Révolution, du Consulat et de l'Empire.

RENAN. L'histoire a inspiré les poètes ; la voilà, maintenant, qui attire à elle les philosophes. En effet, les doctrines religieuses et métaphysiques sont des faits *humains* ; à ce titre, ils relèvent de l'histoire ; on se demande si l'histoire ne parviendrait pas, à elle seule, à les expliquer. La pensée n'est, en somme, qu'un phénomène de l'évolution des êtres ; elle ne s'explique que par ce qui précède et contient ce qui suit. C'est ainsi qu'un érudit de haute science et d'intelligence souveraine, Renan, soumet la philosophie et les idées religieuses à un critérium nouveau, en écrivant la *Vie de Jésus*, l'*Histoire du Peuple d'Israël* et l'*Histoire des origines du christianisme*. Il subordonne la croyance à la science et donne les sciences historiques et philologiques comme les maîtresses uniques de sa propre pensée. En discutant les faits, les « milieux », dans lesquels les religions et les philosophies apparaissent, il les mesure au compas de la critique rationaliste et fait descendre la légende du ciel sur la terre. Même si Renan n'avait pas été un écrivain d'une richesse et d'une souplesse incomparables, il eût vécu par la force et la pénétration de sa philosophie dubitative, avisée, et, au fond, sceptique.

TAINE. Et voici, maintenant, son contemporain et son émule, Taine. Autre philosophe qui envahit l'histoire. Il scrute la légende révolutionnaire avec une application et un art égal à celui avec lequel Renan avait dépouillé la légende chrétienne. Le christianisme, la Révolution, sujets qui seront, sans cesse, repris et débattus, parce qu'ils touchent au fond le plus mystérieux de l'évolution et du progrès des sociétés et de l'humanité !

La recherche de la vérité mène à la science : telle est la leçon du siècle. L'âge réaliste est, nécessairement, un âge *scientifique*.

LA SCIENCE. Les grandes découvertes de ce XIXe siècle, dont la caractéristique est la diversité dans la puissance, ces découvertes qui transforment la figure et l'habitat de la planète en même temps que le sort physique de l'homme, la vapeur, l'électricité et leurs applications, les grandes inventions physiques et chimiques, la connaissance plus approfondie des lois et des ressources de la nature, cette vaste novation des choses n'est pas exclusivement française. Toutes les nations civilisées y travaillent en même temps. Mais la France participe au mouvement, et, souvent, elle le dirige. Lavoisier avait été le fondateur de la chimie. Monge, Berthollet, Fourcroy, le grand Laplace, l'auteur de la *Mécanique céleste*, avaient maintenu l'honneur des sciences, pendant la période révolutionnaire et impériale. Cuvier trace, après Buffon, le tableau des révolutions du globe. Lamarck et Geoffroy Saint-Hilaire découvrent les lois d'évolution des organismes vivants et « fondent la science profonde de la nature intime des êtres ». Daguerre et Niepce donnent les premières applications du daguerréotype d'où naîtra la photographie, qui est devenu le plus puissant instrument de notation que l'homme puisse appliquer à la connaissance de l'univers. Ampère est à l'origine de la science électrique. Arago touche à toutes les branches de la physique terrestre, de la physique céleste, et laisse, dans l'étude de la polarisation, une trace ineffaçable. Biot poursuit, avec Arago, les travaux de triangulation du globe commencés par Méchain. Sadi Carnot, fils de l'organisateur de la victoire, dicte la loi de l'émission des ondes; Dulong donne une nouvelle théorie de la chaleur. Jean-Baptiste Dumas, Berthelot sont les continuateurs de Lavoisier. Bergès utilise la force des hautes chutes et introduit dans l'industrie la révolution qui substituera peut-être, un jour, au combustible, les réserves sans cesse renouvelées de « la houille blanche ». Le glorieux Dupuy de Lôme lance, sur les mers, le premier cuirassé et détermine les lois qui seront appliquées, peu après sa mort, à l'aviation et à la dirigeabilité des ballons par le colonel Renard, Santos-Dumont, les frères Wright et Blériot. Enfin — car il faut mettre fin à ces énumérations trop froides — Lesseps, reprenant une idée des saint-simoniens, par un coup de pouce formidable, modifie l'aspect de la planète et creuse les deux fossés qui réunissent, par un seul chemin navigable, tous les océans : le canal de Suez et le canal de Panama.

Mais c'est surtout dans le champ des sciences physiologiques et organiques que le génie français se donne carrière ; ce génie fait de précision, de sincérité et d'ingéniosité, n'aime pas le mystère : il s'épuise à déchirer les voiles. Après les grands naturalistes de l'époque antérieure, se lèvent les grands physiologistes, les maîtres de la médecine, de la chirurgie, de l'hygiène, les grands bienfaiteurs de l'humanité. Au début du siècle, Bichat avait publié ses fameuses recherches physiologiques sur la vie et la mort. Dupuytren, Vulpian, Nélaton, Trousseau, Duchesne de Boulogne sont des opérateurs, des cliniciens, des professeurs de haute autorité et de culture exemplaire. Un grand physiologiste les dépasse tous, c'est Claude Bernard. Il est le maître de la science expérimentale. Mais il est dépassé, à son tour, par l'homme qui peut être qualifié, sans hésiter, le plus éminent découvreur, sinon le plus grand homme du XIXe siècle, Pasteur. Nom qui couronne et résume le « siècle scientifique ».

PASTEUR. Pasteur n'a pas seulement révélé, comme personne ne l'ignore, le monde des microbes et des infiniment petits : il a prouvé que la nature est animée d'une vie constante, toujours en mouvement, toujours en production et en destruction; il a déterminé le cercle de l'existence, ce *circulus vitæ*, dont les anciens n'avaient eu que l'idée. Avant lui, les sciences étaient choses mortes; elles régnaient sur un herbier desséché et sur des squelettes dépouillés; il les réchauffe et les anime. La nature est un immense laboratoire qui, par la chaleur, la fermentation et la vie, produit l'évaporation, l'immatérialisation, le souffle, et s'élève jusqu'à l'âme.

Pasteur n'est pas seulement le bienfaiteur de l'humanité, l'homme qui, ayant découvert les virus, les a combattus par les vaccins; il est le plus étonnant expérimentateur de l'essence des choses. Grand parmi les grands, parce qu'il eut, avec une science impeccable, une énergie infatigable et, avec une foi profonde dans la force de la vérité, la plus touchante des vertus humaines, la bonté.

La Richesse Française

LA MOISSON.
(Reproduction d'un dessin de L'Hermitte)

L'histoire s'en tient, le plus souvent, à exposer les lignes générales de l'existence des peuples ; elle ne veut connaître que les faits publics, c'est-à-dire ceux qui intéressent les communautés : nations, villes, corps constitués ; elle ignore et elle veut ignorer les incidents de la vie particulière, à moins qu'il ne s'agisse de personnages ayant influé sur la conduite des États ou qui ont fait appel à l'opinion. Pourtant, la vie publique n'est que le total des existences individuelles : chaque citoyen, chaque être humain compte, puisqu'il fournit sa part de travail, son apport de dévouement et de sacrifice pour que l'État soit.

Un pays comme la France, vanté à juste titre pour sa richesse, son bien-être, sa civilisation, doit cette prospérité et ce renom, non pas tant à la direction de ses chefs qu'au labeur, à la ténacité, à l'ingéniosité des populations qui l'habitent. La richesse de la France vient de l'activité constante de chaque Français dans l'exercice de son métier, de sa profession.

LA COMMUNAUTÉ DES EFFORTS. Tout d'abord, il est entendu qu'un homme digne de ce nom doit travailler, gagner son pain et celui de sa famille. Rester les bras ballants, tandis que les autres se donnent de la peine, c'est une véritable honte. On rougit à l'idée qu'on voit encore de beaux fils qui, parce que le papa a gagné quelque argent, flânent et font la fête en usurpant ces loisirs — si bien employés ! — sur le travail commun. Il faut, qu'à ce sujet, l'opinion se déclare une fois pour toutes. Un Français doit faire œuvre de ses doigts et de son cerveau. Saint Paul l'a proclamé pour tous les hommes : « Qui ne veut pas travailler, ne doit pas manger. »

LE CHOIX D'UNE PROFESSION. Un proverbe français dit : « Il n'y a pas de sot métier, il n'y a que de sottes gens. » Tout travail est honorable. Il est mieux, évidemment, que chacun s'emploie selon ses aptitudes ; toutefois, en tenant compte de ses goûts personnels, un homme qui choisit un métier doit considérer aussi les traditions, les besoins de sa famille, les chances de succès ou d'échec. Il y a, naturellement, un grand encombrement vers les métiers qu'on croit les plus agréables.

En ce moment, dans le peuple, on préfère les fonctions publiques, parce qu'elles donnent la sécurité du traitement et qu'elles assurent les droits à la retraite ; dans la bourgeoisie, on se porte vers les nouvelles inventions : l'automobilisme, l'électricité, demain l'aviation. Fort bien. Mais une grande nation, les familles de cette nation, ont d'autres besoins. Quand un jeune homme cherche à se diriger dans la vie, qu'il réfléchisse bien et qu'il se dise que l'agrément d'aujourd'hui est, peut-être, le désagrément de demain. C'est très beau de se sentir, au début, allégé de tout souci ; mais, plus tard, on s'aperçoit, qu'en entrant dans des professions considérées comme plus agréables ou mieux garanties, on a fait fausse route et les déboires viennent où la nonchalance du début ne comptait trouver que des satisfactions. Autant que possible, il convient qu'un homme reste libre de son corps, de sa pensée, et qu'il se réserve pour ceux qu'il aime. La meilleure des carrières sera toujours celle qui, même au prix d'un effort plus grand, vous laissera le plus d'indépendance et de dignité.

LES MÉTIERS FRANÇAIS. L'avantage incomparable de la France, c'est, qu'en raison de la variété de son sol et de ses produits, en raison de sa situation à la fois continentale et maritime, elle offre des débouchés et des emplois aux aptitudes les plus diverses. La France est, avant tout, un pays de culture ; mais quelle diversité dans ces cultures elles-mêmes !

LE CULTIVATEUR. Voici le cultivateur : dans le Nord, il laboure profondément un sol plantureux ; il y fait pousser le blé, l'avoine, l'orge, la betterave ; il y développe les prairies artificielles ; dans la Brie et la Beauce, les assolements sont réglés, surtout, pour la culture des céréales. Ailleurs, le terrain, plus pauvre, ne tolère guère que le seigle, le sarrasin ; puis, ce sont les pays d'élevage, les bœufs dans le Morvan, les chevaux dans le Perche ; la Normandie laisse les vaches à l'air, sous l'abri des pommiers ; la Bretagne les entoure de fossés et de haies; au versant des montagnes, les troupeaux de moutons gravissent ou descendent, selon les règles de l'hivernage. Voici la cueillette des châtaignes dans le Limousin, celle des olives, des oranges et des citrons dans le Midi. Autour des grandes villes, les maraîchers, les jardiniers, font produire à la terre, admirablement entretenue, savamment traitée, l'abondance des légumes, des fruits et des fleurs.

LE VIGNERON. Enfin, sur le flanc des coteaux exposés au soleil se développe la splendide tenture de la vigne. Que de variétés encore dans les crus et dans les « châteaux »! Champagne, Bourgogne, Bordeaux, ce sont les grands noms; mais, que de vignobles moins vantés apportent leur appoint plus modeste à la diffusion universelle du *claret* français!

Chacun de ces producteurs, chacun de ces créateurs a son type, son langage, son costume, sa tradition, qui font, par l'accoutumance, le réconfort et l'orgueil de chaque profession. L'éleveur porte le long sarrau, la casquette de soie; son œil futé et son teint coloré disent l'habitué des foires, coutumier du marchandage, le verre en main; le vigneron vieilli marche le dos courbé pour avoir approché la terre trop longtemps et de trop près; le cultivateur a les bras forts et les jambes grêles; car, s'il fauche le pré et lève la gerbe quand vient l'août, à l'automne, il suit, lentement, l'effort des attelages tendus sur le sillon; le jardinier a les manières douces et tranquilles : c'est qu'il n'obtient rien de la nature qu'à force de la flatter, de la caresser, en la surveillant silencieusement pour surprendre, en catimini, son secret. Le laitier qui fait sonner, sur le pavé des grandes routes, la sonnaille de ses pots de fer, est volontiers bruyant et loquace comme eux. Quel défilé curieux, si on voyait, un jour, passer, comme dans un cinématographe, toutes les professions de la terre, avec leurs allures et leurs traits caractéristiques!

LA PETITE PROPRIÉTÉ. Le paysan, dit-on, abandonne le sol; il vend le champ paternel pour aller, dans les villes, chercher un gain aléatoire. Laissez faire : il y reviendra. Quel est le Français qui ne garde, au fond du cœur, une attache pour le coin de terre où il est né? « Cultiver son jardin », « planter ses choux », ce sera toujours le premier et le dernier mot de la philosophie française. Voltaire l'a dit et il s'y entendait.

Le Français aspire à posséder la terre. S'il était nécessaire de le prouver, il suffirait de rappeler le nombre proportionnellement énorme de ce que la loi de finances appelle les « petites cotes »; il suffirait de rappeler, encore, le système du partage égal entre les enfants, tel qu'il a été consacré par le code civil. Cette législation n'est pas, croyez-le bien, l'œuvre d'un homme ou d'une journée; elle est le fruit de l'expérience et de la volonté des siècles. Le Français ne veut pas lâcher son bien, le bien de ses aïeux; il entend garder sa maison, à soi, et le lopin qui la borde; même s'il s'est éloigné, il compte bien y revenir un jour.

Cet amour de la terre, ancré au cœur de tous les Français, cette répartition de la propriété française en « petites propriétés », telle est la cause la plus réelle et la plus stable de la richesse et de la prospérité du pays. Tant que ce goût, cette ambition énergique, même un peu âpre et jalouse, ne se seront pas modifiés, la France restera un pays avant tout agricole et, par conséquent, elle gardera la première de toutes ses richesses, la richesse foncière.

LES ARTISANS. Mais les facultés de la race n'auraient pas, toutes, leur emploi, si elle s'en tenait, exclusivement, aux divers métiers de la terre. Précisément par ce qu'ils ont de naturel et de traditionnel, ils restent subordonnés aux lois de la nature et soumis à une régularité fatale qui ne va pas sans quelque monotonie. Nombre de Français naissent hardis, prompts, adroits; ceux-là sont prêts à jouer leur vie sur une carte; ils partent et se décantonnent. Changeant de costume, changeant de mœurs et changeant de visage, ils laissent le sarrau, la casquette et le hâle; les voilà devenus des urbains : artisans, ouvriers des villes, commerçants, bourgeois.

L'ingéniosité, tel est le trait caractéristique de ces natures qui ont quelque chose de particulièrement souple et habile dans les doigts et dans le cerveau. Le peuple dit : « Il a de l'engin. » La langue nomme ces techniciens, quand ils s'élèvent à un degré supérieur, des « ingénieurs »; et quand ils vont plus haut encore, on dit qu'ils ont du « génie ». Engin, ingénieux, ingénieur, génie, toutes ces expressions désignent la même aptitude, l'esprit d'adresse, de mécanique, de découverte.

Tel est le rôle, dans la nation, de cette quantité immense de bons serviteurs qu'on appelle les *artisans*; ils se consacrent aux arts mécaniques; le mot *ouvriers*, qu'on emploie pour les qualifier, n'est pas assez précis. L'ouvrier, c'est l'homme qui travaille, qui fait « œuvre », tandis que l'artisan a une destination spéciale. Son savoir-faire suppose un certain apprentissage, un entraînement et, par conséquent, une supériorité relative, un « art », que le mot « ouvrier » n'exprime pas. Cette distinction a son importance. Si l'ouvrier était mis, par la langue et par les mœurs, à son véritable rang, on aurait et il aurait, de son rôle, une appréciation plus équitable, qui écarterait, peut-être bien des malentendus.

ATTRACTION DE LA VILLE. L'agglomération des ouvriers ou artisans dans les grandes villes apporte, à une partie de la population française, un certain adoucissement de son sort, des satisfactions plus immédiates et souvent, plus vives, mais parfois aussi, bien des misères et des déceptions. Cette partie de la population a des gains plus réguliers et plus élevés que le cultivateur, mais elle n'a pas le bon air des champs et le repos des nuits paisibles, avec les matinées sereines devant les splendeurs de la nature. Combien de citadins regrettent, plus tard, la décision, prise à la légère, de quitter le « patelin » originaire! Plus tard, il est trop tard! On ne refait pas sa vie : « où la chèvre est attachée, elle broute. » C'est pourquoi, regardez-y à deux fois avant de prendre le chemin de la ville. Elle accueille tous ceux qui se laissent tenter à ses séductions; elle les accueille; mais bientôt, elle les broie à son caprice, elle les plie à ses volontés, elle les dompte, elle les asservit.

Si la ville est trop souvent une dure marâtre, elle est aussi, il faut le reconnaître, une aide, une conseillère, une institutrice, une éducatrice.

Quand les hommes agissent en troupe, chaque force particulière se décuple. La régularité et l'ordre traditionnels apportés au travail urbain font qu'il y a peu de forces perdues: tous, à la ville, même les plus faibles, les plus disgraciés, trouvent leur emploi. La femme, notamment, s'y sent mieux abritée, plus entourée par la protection des choses et des hommes : aussi la ville attire la femme ; c'est celle-ci, souvent, qui donne l'exemple, cherchant, naturellement, la société, le luxe, les joies de la vie, où elle est actrice indispensable et où elle triomphe.

Parmi les hommes, les tempéraments les plus fiers, les plus attentifs, les plus avisés, trouvent aussi, à la ville, des satisfactions et des ouvertures qu'ils ne rencontreraient pas ailleurs. L'artisan habile devient contremaître, puis patron. Si on recherchait les origines de la classe patronale, on s'apercevrait qu'elle se rattache, presque immédiatement, aux familles des ouvriers et des artisans. Il ne faut ni beaucoup de temps, ni beaucoup d'avatars, dans notre société démocratique, pour que l'étoffe de la blouse, du sarrau, du bourgeron, se transforme et s'amplifie pour devenir redingote.

LE PATRON. Qu'est-ce que le « patron »? C'est un homme qui sait trouver du travail et qui l'offre et le distribue, sous sa garantie, à ceux qui en cherchent. Six terrassiers remuent la terre sur un chantier: si l'un d'entre eux, plus ingénieux que les autres, sait inspirer confiance pour l'entreprise d'un jardin, par exemple, et qu'il embauche ses cinq camarades en leur assurant ainsi de l'ouvrage, il est, naturellement le chef responsable de l'équipe ; il est en train de devenir *patron*.

On voit que le patron ne fait pas classe à part : c'est un ouvrier à l'entreprise, un artisan plus avisé, ayant plus d'initiative et plus d'audace. Comme ces qualités sont rares, elles se font payer cher. Tout le débat social repose sur ce conflit d'intérêts : que vaut l'intervention de l'embaucheur, c'est-à-dire du patron? Conflit accidentel et non pas fondamental. Si la classe des artisans se divisait contre elle-même et si elle en arrivait, pour une question de marchandage, à des haines inexpiables, elle se détruirait de ses propres mains et c'est sa propre force qu'elle annulerait, au grand détriment de la société.

L'INDUSTRIE. Quand les métiers ou les arts mécaniques agissent sur des quantités considérables ou sur des équipes nombreuses, ils se transforment encore et deviennent « l'industrie ». Les industries ne se contentent pas, d'ordinaire, des horizons étroits du marché intérieur ; elles visent les marchés internationaux, les débouchés extérieurs. Il ne peut être question d'énumérer, ici, la complexité infinie des industries françaises. Une seule remarque : il est des industries considérables dont la France ne se trouve pas favorisée. L'extraction de la houille, avec toutes les productions connexes — et on sait si elles sont nombreuses, — n'emploie qu'une partie proportionnellement restreinte de l'activité nationale. En Angleterre, en Allemagne, en Belgique, aux Etats-Unis, la houille est le « pain noir » des peuples, tandis que la France récolte son bon pain blanc à la surface du sol cultivé. De même, pour l'industrie du fer et des métaux, en général; de même pour les industries, comme le coton, dont la matière première est exotique et où la force mécanique et le combustible jouent un rôle prédominant.

Les industries françaises sont des industries de luxe. Plus vous vous élevez vers un travail raffiné, plus vous vous approchez de la production française. Ainsi, la laine, la soie, les peaux; ainsi, encore, la papeterie, les savons, les huiles, les meubles, et, peu à peu, en raffinant toujours, l'article de Paris, la parfumerie, la bijouterie; enfin, au-dessus de tout, comme un privilège et un monopole incontesté, cette reine des industries, celle qui exige le plus d'adresse, de goût et d'élégance — la nouveauté, la *Mode*.

LA MODE. La Mode règne à Paris; de là, elle jette, sur le monde, un flot de rubans, de plumes, de galons, de blondes, de froufrous et de chichis, en un mot, des riens harmonieux qui, arrangés, ajustés, montés par le goût français, forment l'indispensable auréole de la Beauté. Mode, reine de Paris et petite reine de la France, tant que tu n'auras pas, dans une minute de caprice ou de négligence, brisé ton sceptre, la France restera debout, sur sa bonne terre fertile, ayant mis cette aigrette fragile et pimpante à son bonnet!

LE COMMERCE. Que serait l'industrie si elle n'était aidée par son camarade d'atelier, le commerce? L'industriel groupe le travail; le commerçant en débite le produit et le répand sur l'univers. Tandis que l'artisan est penché sur l'établi et sur le métier, peut-il courir le monde et racoler la clientèle? C'est le commerçant qui la lui amène. On maudit les intermédiaires, mais on ne peut se passer d'eux. Ils le savent; aussi ils se font, eux aussi, payer chèrement; il est vrai que leurs peines et leurs risques son. grands. La marchandise moisirait ou sécherait dans la cave ou dans le grenier, si le commerçant ne venait constamment puiser au tas, provoquan: le perpétuel roulement et mouvement qui est, pour un pays comme pour un individu, la première condition de l'activité et de la santé.

LES MÉTIERS BOURGEOIS. Voici, enfin, les professions exclusivement bourgeoises, que le peuple apprécie plus mal encore et qui lui sont, pourtant, non moins indispensables que les autres : le soldat, le robin, le médecin, le prêtre, le peintre, le sculpteur, l'artiste, l'écrivain, le professeur, le penseur. Que nous font ces gens moroses, à mine cadavérique et aux mains blanches qui, toujours enfermés dans leurs bureaux, n'en sortent que pour nous dire des paroles tristes et nous ramener à la discipline, aux convenances, aux usages et aux lois?
— Attendez ! Sans eux vous retomberiez, rapidement, dans l'anarchie originaire, et vous retourneriez au temps où l'homme ramassait, pour s'en nourrir, des glands dans les bois. La légende antique raconte qu'Orphée éleva les murailles de la première ville au son de sa lyre. Cela veut dire qu'il n'y a pas de société humaine sans l'ordre et l'harmonie des efforts. Le soldat défend la patrie et meurt pour elle; le robin discute et applique les lois; par lui se garde la *justice*, reine des sociétés civilisées; le médecin défend la santé particulière et la santé publique; le prêtre entretient l'idéal divin et répète aux enfants les commandements éternels; l'artiste ne laisse jamais périr le culte de la beauté, nécessaire à toute technique, à toute élégance et à toute grandeur; le professeur élève les générations futures et leur transmet l'acquis des générations passées; l'écrivain et le philosophe, enfin, s'adressent à l'âme, nourrissent le feu sacré de l'idée et s'épuisent à chercher, dans les ombres de l'avenir, le phare vers lequel l'humanité doit diriger sa route. Tous travaillent, tous produisent. Il ne pourrait y avoir de désaccord plus funeste chez un peuple que celui qui se créerait entre le labeur des mains calleuses et celui des mains blanches.

Ainsi, dans ce pays ancien et heureusement équilibré qu'est la France, tous s'emploient à la production constante, à la sauvegarde des biens acquis, à l'invention et à la découverte des biens futurs. Telles sont les sources diverses de la richesse française. Aucune ne tarirait sans que le niveau physique, intellectuel et moral du pays n'en fût abaissé.

L'ÉPARGNE. Mais cette richesse, sans cesse accrue, ne se dépense pas inconsidérément. Certes, il est juste, il est bon que le travailleur jouisse de son travail, qu'il répande l'aisance, le confortable et la joie autour de lui. Un bien-être proportionné aux besoins et aux satisfactions du corps et de l'esprit est la juste récompense de l'effort. La Bible ne dit-elle pas que Dieu lui-même se reposa le septième jour?

Une dépense justifiée préside à l'échange constant des richesses au dedans et au dehors, elle alimente le commerce, l'industrie, entretient le luxe, le goût des arts; par les impôts dont elle est légitimement frappée, elle subvient aux besoins généraux de la nation. Mais la France a ce mérite, parmi les autres nations, de ne pas laisser le produit du travail se perdre et se gaspiller dans l'exagération des prodigalités personnelles. La France, tout le monde le sait, a le génie de l'épargne. Cela veut dire que le Français ne pense pas seulement à lui-même, mais qu'il respecte la chaîne continue qui relie le travail des pères au travail des enfants. Quand un homme amasse, sou par sou, une fortune, que fait-il? Il opère, sur ses plaisirs, et parfois sur ses besoins, un prélèvement journalier dans la pensée d'améliorer le sort de ceux qui viendront après lui et que, le plus souvent, il ne connaîtra pas. Il fait comme le vieillard qui plante, alors qu'il n'espère nullement récolter les fruits. Donc, l'épargne est, chez un peuple, la preuve d'un esprit d'abnégation et de solidarité tenace en vue de la continuité familiale et nationale. L'épargne est une grande vertu; mais elle serait un geste bien grossièrement machinal si elle ne procurait que la propre satisfaction de celui qui s'y adonne. Est-il vice plus vilain que l'avarice?

L'ÉPARGNE FRANÇAISE, FERMENT DE CIVILISATION UNIVERSELLE. Il y a deux sortes d'épargne: l'épargne passive et l'épargne active. La première se cache la tête dans le fameux bas de laine: elle pèse et compte les gros sous et ne se complaît qu'à cette musique sonnante et trébuchante. L'épargne active considère le capital qu'elle a créé comme le stimulant des nouveaux progrès et l'instrument des futurs travaux. C'est ainsi que l'épargne française s'est employée et s'emploie, en France d'abord, et puis, au dehors, dans tous les pays qui recourent à elle, pour des œuvres et des créations qui, sans elle, ne se réaliseraient pas. Il n'est guère de peuple au monde qui ne doive à la France quelque gratitude pour la largesse avisée avec laquelle elle a su leur apporter le concours de ses capitaux. On dit que la France est riche : c'est vrai. Qui s'en plaindra, si l'emploi de cette richesse est une manifestation imprévue et, somme toute, utile aux autres, de son esprit de propagande et du rayonnement qu'elle exerce pour le plus grand bien de la civilisation et de l'humanité?

L'Égalité Française

MÉDAILLE DE DUBOIS
(Musée du Luxembourg)

FIGURE IDÉALE DE LA FRANCE.

Nous avons considéré la France dans ses origines, dans son histoire, dans ses fastes, dans sa richesse, dans sa beauté, dans sa gloire. C'est une personne vivante : son corps est svelte et bien proportionné, sa démarche est souple, son visage s'illumine d'un sourire où il y a de l'extase; elle regarde droit, haut et loin. Comme les fées des contes de Perrault, elle a, malgré les ans, le privilège d'être toujours jeune. Par son optimisme souriant, par la vivacité limpide de sa pensée, par la lumière qui émane d'elle, elle rayonne sur l'humanité.

Cette joie de vivre, qui respire dans sa longue existence, il est naturel qu'elle la désire pour tous ses enfants. Le mot du roi Henri IV : « La poule au pot tous les dimanches, » traduit l'aspiration de tous ceux qui ont agi, voulu, rêvé pour elle. Sur un territoire si prospère, sous un climat si agréable, dans un nid si doux, il ne devrait pas se rencontrer une misère, une douleur qui ne soit soulagée et consolée. La France voudrait abriter tous ses enfants sur son sein et les réconforter d'une tendre et chaude affection.

Tel est le sens intime de son histoire : c'est une longue odyssée à la poursuite du « mieux », « pour le plus grand nombre ». Mais ce « mieux » n'est pas la récompense facile de la bonne volonté d'un jour : il y faut de persévérants efforts, une clairvoyance soutenue, un esprit de choix et de discernement qui ne se laisse ni séduire, ni piper aux apparences éphémères, ou faux-semblant du bien.

LE BESOIN DE CLARTÉ.

Le premier des bienfaits pour l'homme, c'est la lumière. Le soleil n'est-il pas le grand créateur et le grand guérisseur? Les lieux qu'il visite sont sains; les cœurs qu'il éclaire se réjouissent. Aussi le peuple français, selon la grâce que la nature a faite à son ciel et selon l'impulsion que l'histoire a donnée à son âme, cherche, d'abord, la clarté. Le travail auquel il s'est livré pour construire sa langue à une sorte de perfection et la dépouiller de toute obscurité est la révélation la plus caractéristique de son génie.

L'Anglais Ruskin rend hommage à cette qualité éminente de notre race et il en découvre toute la portée : « France, dit-il, c'est franchise... Tout ce que nous reconnaissons de beauté, de délicatesse et de proportion dans les manières, le langage et l'architecture des Français, vient d'une pure sincérité de leur nature... Jamais peuple ne fut si vraiment loyal. » Éloge qui oblige! Soyez francs — francs avec les autres, francs avec vous-mêmes — pour être de vrais *Français!*

La nation, pas plus dans son existence matérielle que dans son existence morale, ne tolère les coins sombres, les retraites obscures et cachées. Voyez nos petites villes de province, si cordiales, si accueillantes sous le grand jour, avec la vie en plein air sur le pas des portes, la fenêtre grande ouverte. Tout le monde sait tout de tout le monde : ce sont des maisons de verre.

HAINE DE L'HYPOCRISIE.

De même la nation. Les Français ne cachent ni leurs défauts, ni leurs tares. Ils les étaleraient plutôt, avec une exagération, une ostentation que Louis XIV appelait déjà « une fanfaronnade de vices ». D'autres peuples savent se taire sur leurs faiblesses : nous crions les nôtres sur les toits. Mais nous avons le bénéfice de cette ingénuité : « Péché avoué est demi-pardonné. » Si le *Tartuffe* est la grande comédie de Molière, c'est qu'elle raille et qu'elle fustige la disposition d'esprit et de cœur la plus vilaine et la plus odieuse aux yeux des Français, l'hypocrisie :

Voilà, je vous l'avoue, un abominable homme!

LE BESOIN DE CLARTÉ EN CORRÉLATION AVEC LE BESOIN D'ÉGALITÉ.

De même que le peuple français a fait sa langue pour la clarté, il a fait sa législation pour l'égalité. Qu'est donc l'histoire des lois françaises, si ce n'est une longue guerre aux recoins secrets, aux dédales compliqués des coutumes locales, aux détours ambigus de la vieille procédure, antres et asiles de la chicane?

De même que les Français ont voulu avoir une seule et même mesure, un *mètre* (adopté, depuis, par tout le monde civilisé), de même qu'ils ont frappé une seule monnaie commune, bien loyale, sonnante et trébuchante, de même qu'ils ont forgé leur langue expressive et communicative, parlée ou du moins écrite avec une correction identique d'un bout à l'autre du territoire, de même, ils ont désiré une législation unique, régissant la famille, les successions, la propriété, l'ordre civil, l'ordre judiciaire : cette loi est imposée à tous, elle est acceptée par tous ceux qui naissent sur le territoire français; personne n'y échappe ; personne ne peut lui opposer un droit, un rang ou un privilège quelconque.

Cette égalité devant la loi, c'est la France.

DIVERS MODES DE L'ÉGALITÉ FRANÇAISE. Les enfants reçoivent des parts égales du bien paternel; les Français sont égaux au jour du vote et à l'heure de l'impôt; le mariage français et surtout les mœurs françaises établissent une égalité de situation entre l'homme et la femme. Or, si on va au fond des choses, on s'aperçoit que, dans tous ces cas différents, *égalité* veut dire simplification et clarté.

Ce sens résulte d'un examen attentif de toute la vie nationale. La marche implacable de la race vers l'égalité échappe, ainsi, au caractère odieux qu'on lui prête, quand on prétend n'y voir qu'un sentiment de jalousie et d'envie des classes ou des personnes, les unes contre les autres. « C'est le nivellement par en bas, » va-t-on répétant; « la démocratie fait comme le Tarquin antique, qui coupait les têtes de pavots dépassant les autres. » Non! Les Français n'ont pas cette haine farouche pour la supériorité. On leur reprocherait, plutôt, un enthousiasme aveugle, un engouement trop prompt pour les réputations faites ou surfaites. Qui donc disait : « France ! guéris-toi des individus ! » Mais, dans ce pays de fine critique et d'ardente querelle, les voiles sont vite déchirés, les masques tôt arrachés. Pour que la supériorité s'impose, il faut qu'elle soit réelle, non feinte, conquise, non usurpée. Reconnue, elle n'a rien à craindre dans un pays qui, de toute antiquité, fut célèbre par son esprit de discipline et de hiérarchie.

L'égalité française vient d'un besoin de vérité, donc de justice. Un homme vaut un homme, quand tous les mérites sont pareils. Qu'on n'essaye pas de nous tromper avec des titres, des apparences, des manteaux, des perruques ou des préjugés. « Les trognes ne nous en imposent pas, » comme dit Montaigne. Agissant dans la limite de son autorité, la législation française proclame cette aspiration de la race vers l'équité; mais elle ne songe nullement à enfreindre les lois de la nature ni ne rêve de les modifier.

INGRES. — JEANNE D'ARC
(Musée du Louvre) (Photo Neurdein)

CONSÉQUENCES DU PRINCIPE D'ÉGALITÉ. Ce principe de l'égalité est-il aussi ancré que vous le dites au cœur de la nation? S'applique-t-il réellement, par exemple, aux rapports civils des deux sexes, dans la famille et dans la vie?... Dans la famille, au foyer, l'époux et l'épouse, le père et la mère ont l'un et l'autre leur part, leur rôle, leur devoir et leur droit: mais c'est ici que l'égalité française ne se confond pas avec une impossible identité. La famille française met la femme très haut : la femme n'est pas seulement la nourrice et la protectrice des enfants; elle est la confidente, la conseillère, l'auxiliaire du mari. S'il est un pays au monde où la femme soit ainsi considérée et respectée à l'égal de la matrone antique, c'est en France. D'autre part, n'est-ce pas la société française qui a placé la femme hors de pair, en l'entourant d'hommages, en la mettant sur le pinacle, dans la littérature, dans le monde, sur le théâtre, dans les relations sociales qu'elle embellit de sa grâce, de son charme, de son élégance et où elle obtient toujours le dernier mot?

LA FEMME FRANÇAISE. Ce rang, la femme française le doit à son initiative personnelle, à sa finesse, à sa prudence et, quoi qu'en dise une école littéraire où la déformation de la réalité passe pour du réalisme, à ses vertus. La femme française se porte, d'une vivacité et d'une énergie naturelles, vers le devoir. C'est elle qui veille au salut de la famille : dans le peuple, elle touche le salaire et le distribue selon les divers besoins qui la sollicitent, en se servant toujours de la dernière. Dans la bourgeoisie, combien de fois n'a-t-elle pas suppléé ou remplacé, à la tête d'une entreprise, le chef de famille insuffisant ou qui succombe ? Aux crises nationales, c'est encore la femme qui indique à l'homme le chemin de l'honneur, en lui criant, les larmes aux yeux : « Va te battre! » Quel autre pays a, pour héroïne et pour figure symbolique de la patrie, une Jeanne d'Arc ?

LES INÉGALITÉS NATURELLES. Il y a, entre les hommes comme entre les sexes, des inégalités naturelles. Celles-là, ce ne sont ni les constitutions, ni les lois qui peuvent les modifier. Le bon sens français les accepte. Il fait, très sagement, le départ entre les distinctions qui dépendent de la société et celles qui échappent à ses règles. En admettant que certaines inégalités subsistent, vestiges d'un long passé, le travail des mœurs s'applique, sans cesse, à les corriger. On craindrait plutôt, maintenant, l'excès contraire.

Le sentiment de l'équité sociale est si naturel à ce peuple qu'il se révolterait contre toute injustice traditionnelle qui prétendrait s'imposer en vertu de titres surannés. S'il n'est pas possible de faire en sorte que tous les Français, au moment où ils entrent dans la vie, aient les mêmes facilités, des chances pareilles, une préparation analogue, la vigilance publique, du moins, y tend sans cesse. Les sacrifices consentis par la nation pour mettre l'enseignement à la portée de tous et pour découvrir les valeurs humaines là où elles naissent, sont la meilleure preuve de cette volonté réfléchie et coordonnée.

Ceci dit, il convient que chaque citoyen, muni et armé, autant que faire se peut, à son entrée dans la vie, accepte ensuite son rang et sa place, comme le soldat dans une armée qui veut vaincre.

Il n'y aurait pas de conception plus folle de l'institution sociale que celle qui consisterait à faire passer chacun des individus qui doivent former un peuple, sous le niveau d'une éducation identique et dans le lit de Procuste d'une préparation uniforme. C'est comme si on voulait habiller tous les hommes à la même mesure et les affubler tous d'un même et pareil paletot. Bouchers, maçons, chimistes, égyptologues, avocats et charcutiers suceraient donc le même lait et se nourriraient au même rudiment, aborderaient la vie du même pied, avec le même bagage ? Quelle cacophonie !

LA DIVERSITÉ DES APTITUDES. On ne tiendrait nul compte des aptitudes : le cul-de-jatte devrait courir comme l'athlète et le bègue parler comme Cicéron. Que gagneraient, à cette désopilante gageure, ceux qui n'ont pas la tête aux X et qui préfèrent gâcher du plâtre ? Par quelle opération miraculeuse les forts de la halle seraient-ils des forts en thème ? A quelle épouvantable servitude physique et intellectuelle seraient astreints les enfants et les adolescents obligés de ramer, bon gré mal gré, sur cette galère de l'éducation intégrale ?

Les enfants ne sont pas tous les mêmes. Les hommes non plus. Les divergences s'accentuent avec l'âge. A quelle époque de la vie, par l'arbitrage de quels juges ferez-vous la ventilation et le choix ? Le court espace d'une existence humaine s'emploiera-t-il à passer des examens pour prendre des rangs et des numéros ?

DIVERSITÉ DES PROFESSIONS ET DES CONDITIONS. L'inégalité des conditions suit, nécessairement, la diversité des professions, conséquence elle-même de la variété des aptitudes. Comment parer à cette subordination fatale des choses, — sans compter l'inégalité des chances !

Il y a des gens qui, comme on dit, sont nés coiffés ; ils se croient volontiers plus habiles que les autres. C'est à savoir. Combien de fois les circonstances leur sont devenues favorables sans qu'ils se soient donné une si grande peine pour les faire naître et en profiter ! La Fortune passe, roulant sur sa roue, et les sacre. Qu'ils n'en tirent pas vanité ! Elle fuit, et les rendra peut-être, demain, à la misère d'où son caprice les a tirés.

Par contre, que ceux qu'elle délaisse n'en conçoivent ni haine, ni dépit. Leur colère ne ferait de mal qu'à eux-mêmes. Si l'inégalité des chances, entée sur les inégalités naturelles, produit l'inégalité des conditions, la vie et la société, qui les créent, travaillent aussi à les corriger sans cesse. La richesse favorise un homme, une famille ; mais elle se fixe bien rarement pendant plusieurs générations. Le luxe même anémie ceux qui en jouissent et les épuise. Il n'y a, peut-être, pas dix grandes fortunes en France, remontant à un siècle en arrière ; et si l'on y regardait de près, on s'apercevrait que, sous le même nom, c'est un autre sang qui hérite.

Et puis, il y a les compensations. La sagesse antique qui prêchait la modération et allait répétant : « C'est la fortune ne fait pas le bonheur, » est-elle si surannée ? Est-ce un conte à dormir debout que la jolie fable de La Fontaine, le *Savetier et le Financier* :

Rendez-moi mes chansons et mon somme
Et reprenez vos cent écus.

Les riches sont-ils sans maux cuisants, sans maladie, sans douleurs et sans deuils ?

LA LOI DE TOUS, C'EST LE TRAVAIL. Ce qui fait le bonheur, c'est le travail. Voilà le bienfait vraiment enviable, celui qui, dans une société bien organisée, devrait être assuré à tout être arrivé à sa pleine maturité et activité. Il faut que l'homme travaille ; il faut que tout travail ait sa juste récompense.

Les modalités de cette récompense dépendent, en partie de la loi, en partie des circonstances économiques nationales et internationales. Il appartient aux gouvernements de veiller, sans cesse, à ce que le travail soit sagement réparti, équitablement rémunéré, qu'il ne laisse aucune bonne volonté sans emploi, aucun emploi sans salaire, que le salaire nourrisse l'homme et sa famille, leur apporte à tous le bien-être du présent et la sécurité de l'avenir.

La solidarité qui, par le travail commun des aïeux, unit tous les labeurs présents, toutes les professions dans une même activité nationale, veut aussi qu'elles se portent secours les unes aux autres en cas de crise, qu'elles laissent le moins de prise possible à l'éventualité des catastrophes naturelles ou des bouleversements économiques. Quand un membre souffre, le corps souffre. Provinces, régions, cultures, industries, toutes se tiennent et se doivent l'*entr'aide*.

ERREUR DE LA VIOLENCE. Mais que dire si la lutte est engagée entre les membres des mêmes professions; si la rancune et la violence les jettent les uns contre les autres, patrons et ouvriers, qui devraient être les coopérateurs d'une même tâche; si cette discorde livre la place désarmée aux concurrences étrangères?

L'organisation du travail est un des devoirs principaux de la société. L'union, la coopération, la participation sont les solutions probables du problème. Quoi qu'on en dise, ces solutions se dégageront non dans la lutte, mais dans la paix. On raisonne mal, les poings tendus. Le bruit ne fait pas de bien; le bien ne fait pas de bruit.

C'est le travail qui sauve et honore les peuples, comme il élève les individus; la vraie noblesse est là. Il n'y a pas de travail bas; il n'y a pas de travail méprisable. Plus le travail est dur, plus le travailleur est penché sur la glèbe ou sur le métier, plus il doit retenir la vigilance constante de ceux qui ont le mandat de penser à lui. La force de l'État doit s'employer à ce qu'aucune force particulière n'emplète, à ce qu'aucune force particulière ne soit sacrifiée.

Mais aussi, le travail suppose et impose la frugalité, l'économie, l'esprit de conduite, le respect de la famille, de la société, de la patrie.

POURQUOI NOUS DEVONS AIMER LA PATRIE. Puisque la patrie (c'est-à-dire la volonté accumulée de longues générations) livre à chaque nouveau-né, à chaque survenant, un pays assaini, tranquille, prospère, où son activité pourra s'employer fructueusement, le premier devoir de ce survenant n'est-il pas de respecter l'œuvre des ancêtres et de la transmettre, améliorée encore, à ses descendants? Détruire l'ordre social, le remplacer par le désordre des anciens âges, ce ne serait pas seulement tenter une chose impossible, ce serait en revenir à l'écrasement de tous, et d'abord des faibles, par la brutalité du chaos.

La patrie doit sa protection au travailleur; le travailleur doit son dévouement à la patrie. Donnant donnant: c'est un marché, à supposer que ce mot puisse s'appliquer à un échange si naturel et si noble.

LE SECOURS PUBLIC DÛ AUX PAUVRES ET AUX MALHEUREUX. La société doit plus encore; elle doit secours et appui aux pauvres, aux enfants, aux vieillards, aux femmes, aux malades, aux individus que le malheur accable ou que la faiblesse physique rend impuissants dans la lutte pour la vie. La richesse des favorisés a cette contre-partie indispensable, et si leur propre sentiment ne les y pousse pas, si la prudence même ne persuade pas leur égoïsme, que la loi y mette la main! Dans un pays riche, personne ne doit souffrir de la faim, ni subir une misère implacable. Tel est le signe distinctif d'un peuple civilisé.

Certes, l'État n'est pas un marchand de bonheur. Il ne peut assurer à tous une répartition constamment égale de tous les avantages de la fortune, mais, après avoir veillé à ce que le travail soit équitablement récompensé, il doit garantir, selon ses ressources, à chacune des familles qui le composent, un quotient de bien-être et de sécurité.

INTERPRÉTATION DE LA DEVISE FRANÇAISE. *Liberté, égalité, fraternité*, la devise révolutionnaire ou, pour parler plus exactement, la devise française, a été souvent raillée. On dit — non sans raison, hélas! — qu'il est plus facile de l'inscrire sur les murs que de l'introduire dans les mœurs et dans les lois. Qui niera, pourtant, que cette formule ne soit heureuse, puisqu'elle tempère la première des nécessités sociales, la justice, par le plus naturel des sentiments, l'amour du prochain?

Liberté, égalité, fraternité, cela revient à dire que l'homme doit trouver, dans la société, la sécurité de l'existence, la dignité de sa vie, l'emploi de ses facultés, et le secours mutuel en cas de détresse ou d'infortune. Ramenée à ces notions simples — hors du fracas politique, — cette belle formule exprime, une fois de plus, dans ses trois termes, l'idéal que se sont dicté à elles-mêmes et que se sont transmis, en le purifiant successivement, toutes les religions, toutes les philosophies, toutes les sagesses, c'est-à-dire, en un seul mot, pris dans son sens le plus large et le plus profond, *l'humanité*.

N'envisageons que la France. Nous dirons, en terminant ces études, quel est son lot parmi les autres peuples; mais, pour ce qui touche sa vie intérieure, c'est à la poursuite de cet idéal qu'elle s'est consacrée au cours de ces longues annales et qu'elle doit se dévouer dans l'avenir.

ORDRE INTIME DU PROGRÈS FRANÇAIS. Ainsi se maintiendra, dans un progrès incessant, l'équilibre harmonieux d'une nation si heureusement douée et si avantageusement partagée; ainsi s'établira une juste réciprocité des services et des devoirs entre la patrie et ses enfants.

Appuyé sur ces raisons profondes, une fois bien connues et discernées, le patriotisme trouve sa base indestructible. Il n'y a pas de progrès possible, d'amélioration individuelle et sociale hors de l'union et de la coordination des efforts. Malheur à l'homme seul, *væ soli!* Le citoyen libre dans une société libre, égal parmi les égaux, frère parmi les frères, aura atteint la plus parfaite réalisation de l'existence humaine, s'il est tout bonnement, et tout uniment, comme furent ses pères, un bon Français parmi de bons Français.

L'Idéal Français

A la fin de ces esquisses rapides, essayons d'indiquer la place que la France tient parmi les peuples de l'univers. Son histoire a un sens, une portée, elle suit une courbe qui, par le trajet accompli, permet de calculer l'orbite qui est la sienne dans la constellation des peuples civilisés.

ANTIQUITÉ ET CONTINUITÉ DE L'HISTOIRE FRANÇAISE. Cette histoire est longue; c'est une des plus vieilles du monde, peut-être la plus vieille, si l'on considère, non seulement la durée, mais la continuité.

On sait, maintenant, qu'à des époques très anciennes, alors qu'il n'y avait, en Europe, aucun groupement humain, — ou du moins aucun groupement dont l'existence ait laissé une trace, — le territoire de ce qui fut la Gaule et plus tard la France, nourrissait déjà des populations capables de s'abstraire, de s'arracher à l'oppression de la vie matérielle, de jeter un regard attentif sur les spectacles dont elles étaient environnées, capables même de les reproduire, et que, par conséquent, ces hommes étaient déjà des artistes.

LA MAISON CARRÉE

ORIGINES DE LA CRÉATION ARTISTIQUE EN FRANCE. Que l'art soit né en France, peut-être même avant qu'il eût apparu dans la vieille Égypte, en Asie, en Grèce, que les sculpteurs et les peintres de l'âge des cavernes aient senti en eux cette vocation originelle, et que, depuis lors, la même terre ait vu des générations ingénieuses et réfléchies se succéder de siècle en siècle, c'est un fait et l'on peut dire une prédestination qui marque, d'un sceau indélébile, le caractère français.

D'autres nations, d'autres grandes nations ont eu cette conception élevée de la vie qui cherche, dans l'œuvre artistique, l'achèvement du mouvement intérieur et, en quelque sorte, la saillie de l'émotion et de l'idée. Mais, toutes ces nations — toutes ou presque toutes — se sont arrêtées et figées à une heure donnée. Les annales de leur déclin sont infiniment plus longues que celles de leur ascension et de leur apogée. La France, seule, est restée fidèle à elle-même. Il y a toujours eu, en face de sa nature éternelle et de son évolution constante, une vision et une notation françaises. Souvent, la France a emprunté quelque chose à la technique des autres peuples, mais elle s'est promptement assimilé ces notions diverses et, en s'en emparant, les a faites siennes.

Si nous savons, par des témoignages irréfragables et *de visu*, que l'homme a connu l'*elephas magnus*, le rhinocéros et le renne dans les plaines et les vallées des régions actuellement tempérées, ce sont ces anciens « Français » qui nous l'ont appris. Si l'art grec et l'art romain ont trouvé dans ces pays que la Grèce et Rome qualifiaient de « barbares », une adaptation qui en a élargi le rayonnement et la portée, c'est encore en France que subsistent ces beaux monuments : la Maison carrée, le Pont du Gard, les arènes d'Arles, les arcs de triomphe de Reims et de Besançon. Si l'idéal chrétien a dégagé, de son rêve millénaire, une expression plastique telle qu'elle a révélé au monde une nouvelle Beauté après la disparition de la Beauté antique, c'est aux architectes, aux sculpteurs, aux imagiers des bords de la Seine et de l'Oise qu'il le doit.

S'il s'est rencontré, par la suite, une formule rajeunie de l'art classique, unissant les grâces de la renaissance italienne et la décence, à l'élégance, à la pompe naturelles chez un grand peuple et à la cour d'un grand roi, c'est aux bâtisseurs de Versailles, de Vaux, de Trianon, que ce résultat est dû. Et, depuis le XVIIe siècle, s'il s'est produit une lignée non moins abondante de chefs-d'œuvre, s'ils se sont multipliés et renouvelés sans cesse, servant d'exemples aux autres peuples, c'est au génie français qu'appartient encore cette variété dans l'invention, dans le goût, dans l'originalité. Cent fois on a copié l'Opéra de Charles Garnier, comme on avait copié, antérieurement, les palais de Mansart, les châteaux du temps de François Ier et les cathédrales contemporaines de saint Louis.

L'école française de 1830 a labouré un champ rajeuni, et, aujourd'hui même, personne ne dispute à la France la palme des Beaux-Arts.

LA PALME DES BEAUX-ARTS RECONNUE A LA FRANCE. On s'incline devant cette primauté... mais non sans un sourire. Des artistes, des peintres, des photographes, des modistes, c'est bien là les artisans de l'expansion française!... Cette ironie va bien, n'est-ce pas, à l'orgueil réaliste des marchands de cotonnades et des fabricants de quincaillerie. Le commerçant actif et « pratique » est sans pitié pour le créateur dont il exploite et copie les conceptions. Mais celui-ci prend sa revanche; car, si son bagage est moins lourd, sa production est plus haute, plus rare et plus recherchée. Le goût ne se laisse pas dérober son secret; il garde sa supériorité, et il finit bien par avoir le dernier mot. Fût-ce pour connaître ses modèles, on frappe à sa porte. N'est pas élégant qui veut : cela ni ne s'apprend, ni ne se prend. Il y faut le je ne sais quoi, un air, une manière. Comme dit notre La Fontaine :

> Jamais un lourdaud, quoi qu'il fasse,
> Ne saurait passer pour galand.

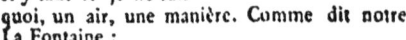
LE PONT DU GARD

LES NATIONS MAITRESSES DE LA CIVILISATION. Prenons le monde tel qu'il est et laissons à chacun son labeur et sa couronne. Parmi les nations disparues, il en est qui ont laissé, sur la planète, une empreinte ineffaçable, et tout le monde s'accorde à dire que ce sont celles qui ont fondé et accru la civilisation, c'est-à-dire la grandeur du genre humain.

Que représentent, dans le travail universel, l'action machinale des milliers et des milliers de tribus qui, pour vivre, ont chassé, de génération en génération, la bête fauve dans les forêts africaines? Auprès de ces peuples mort-nés, d'autres vivaient, cependant, qui ont ouvert les portes de l'avenir à l'humanité. Comparez, et dites quels sont les peuples qui peuvent être qualifiés de grands?

L'ÉGYPTE ET L'ASSYRIE. L'Egypte a présidé à l'aurore des âges et elle a mis l'éternité de ses sphinx et de ses pyramides au seuil de la civilisation qui naît. En Perse, en Mésopotamie, les cultivateurs, les architectes, les astronomes ont fouillé la terre, séché la brique et mesuré le ciel pour arracher à la nature ses premiers secrets; les ciseleurs des hiéroglyphes et les mouleurs de caractères cunéiformes découvraient lentement, par les combinaisons de ces empreintes significatives, le double instrument des progrès futurs : l'écriture et le calcul. Combien d'efforts et de labeur humain se sont accumulés pour la détermination des chiffres arabes, éléments indispensables de toute science : 0, 1, 2, 3, 4, 5, 6, 7, 8, 9!

LA GRÈCE. La Grèce, si haute que fût son antiquité, est déjà une héritière, héritière de l'Egypte, de la Crète, de l'Assyrie, de l'Asie Mineure, de la Syrie. Mais, ce peuple si minime, sur la terre si étroite, ces quelques nations fameuses, — grandes comme quelqu'une de nos sous-préfectures, — Athènes, Corinthe, Thèbes, Lacédémone, ont laissé un nom immortel. Elles ont donné le jour à des filles toujours vivantes : Alexandrie, Palerme, Naples, Marseille, Byzance. La marque de leur volonté s'est ainsi inscrite, pour toujours, dans l'histoire. Sur les lointains continents, découverts après des siècles, leur pensée — la pensée méditerranéenne — se propage encore, se propagera indéfiniment. L'humanité reconnaissante se retourne, pour prier, vers l'Orient.

ROME ET L'EMPIRE. Rome a une autre grandeur. Rome, c'est la puissance militaire, la discipline, le droit. Rome a concassé et broyé tous les particularismes survivants des anciens âges pour les faire entrer dans un moule unique : œuvre de rudesse et de violence, d'adaptation et d'organisation, plus que de création et d'invention; métier de gâcheur robuste, de soldat mal dégrossi, de constructeur hâtif et fruste. Les généraux romains sont tous, plus ou moins, comme le vainqueur de Corinthe, qui croyait n'avoir qu'à commander pour voir naître les chefs-d'œuvre d'Apelle et de Praxitèle. Le spectacle effroyable de la décadence impériale démontre ce qu'il restait de barbarie dans cette splendeur d'emprunt.

Pourtant il fallait que ce travail s'accomplit pour que le monde civilisé ne fût plus qu'un seul et même espace où la voix porterait, désormais, sans obstacle.

LA CIVILISATION MODERNE. Cette voix, ce fut celle du Christ. Il enseigne la pitié, la charité, l'égalité. Voici que naissent les civilisations modernes. L'esclavage est aboli. Le christianisme a pris dans l'héritage antique ce que la philosophie, la religion, la morale, lentement épurées, ont laissé de meilleur. Un

L'Idéal français

petit peuple, blotti au bord de la mer Morte, que les Nabuchodonosor, les Pharaon et les Alexandre foulaient aux pieds dans leurs pérégrinations conquérantes, sans s'apercevoir seulement qu'il existait, le peuple juif, donne à l'humanité l'idée de l'unité divine, par conséquent de l'unité de création et d'objet. Cette doctrine, la légende d'un paradis perdu, l'espoir en un sauveur qui doit venir, allongent jusque dans l'infini les perspectives de l'âme humaine ; mais ces notions sont comme perdues, au fond d'un ciel implacable.

LA RELIGION CHRÉTIENNE. La philosophie grecque les humanise, les adoucit, les tempère, par son indulgent anthropomorphisme. La Trinité sainte, qui réunit, dans son symbole, les trois facultés humaines, la volonté, l'intelligence et l'amour, se révèle aux écoles juives et platoniciennes d'Alexandrie ; bientôt le culte de la femme, de la vierge-mère, s'unit au dogme trop abstrait du Logos et du Verbe : ainsi, la religion chrétienne est constituée. Elle conquiert le monde des Gentils. Rome, avant de perdre l'hégémonie politique, recueille ce magnifique legs intellectuel et moral. La papauté romaine donne un centre à l'Europe qui naît.

L'ITALIE MODERNE. Les nations modernes se mettent en marche. L'Italie, dans des alternatives de succès et de revers, de grandeurs et de chutes, tient longtemps le flambeau. A la Renaissance, l'énergie concentrée de ses cités militaires et commerçantes exalte l'individu, crée l'« homme achevé », le « sublime », se manifeste en ces physionomies incomparables : Léonard de Vinci, Michel-Ange. Puis, elle retombe et elle traîne une vie languissante dans les chemins de la servitude, jusqu'à l'heure où un vigoureux élan intérieur la réveille et la met debout pour « resurgir ».

L'ESPAGNE ET LE PORTUGAL. L'Espagne et le Portugal, dans une lutte héroïque contre l'Asie et l'Afrique conjurées, ont sauvé l'Europe ; voilà, maintenant, qu'ils la précipitent sur l'univers ; leurs navigateurs découvrent les nouvelles voies et les nouveaux mondes. Ils parcourent les océans et plantent la croix sur les terres ignorées. Par eux, la langue latine, les mœurs latines règnent. Les rois très catholiques ont conquis « l'Empire où ne se couche pas le soleil » ; et ils ne l'ont perdu, en dépit de la vaillance de leurs peuples, que par l'excessive grandeur et la témérité d'un tel dessein.

SCEAU DE GUILLAUME LE CONQUÉRANT
(Archives nationales)

L'ALLEMAGNE. L'Allemagne a gardé longtemps le sceptre et le globe de l'Empire. Dans la profondeur de ses forêts, au repli de ses montagnes, une âme se forme, une âme appliquée, volontaire, méthodique, grave et, aux heures de détente, joviale et sentimentale. L'Allemagne hésite entre les deux destinées, septentrionale et méridionale. La réforme de Luther décide et favorise la cause du Nord. L'Autriche est refoulée sur le Danube et sur l'Adriatique. Sa bonhomie recule devant la dure hégémonie prussienne. L'Empire est restauré. Une nation débordante de vigueur, d'entrain et d'énergie, avec cette natalité prodigue qui la faisait appeler, déjà au moyen âge, « la matrice des peuples », est plantée, comme un athlète et un ouvrier inlassable, au centre de l'Europe.

LA RUSSIE. La Russie est, par Byzance, l'héritière du monde grec et oriental. Elle fait face à l'Asie et la contient. Seule, elle a la force et la plasticité nécessaires pour arrêter, endiguer ou absorber le flot jaune. Elle est la sainte icone plantée à la limite des terres chrétiennes. La race slave, avec sa nature à la fois tendre et tragique, avec sa sensibilité et son intelligence prompte et perçante, avec ses détentes brusques, suivies de profonds abattements, a quelque chose de touchant et de douloureux ; mais elle est patiente et tenace ; c'est une des plus nobles races humaines. Sur la longue route que l'espace et le temps ouvrent devant elle, elle en est à sa première étape.

LES PUISSANCES DU NORD. La Hollande, la Belgique, le Danemark, la Suède, la Norvège ont donné, comme ouvriers à l'histoire, ces superbes races nordiques, grandes, blanches, blondes, aux yeux bleus, qui opposent à la vivacité méridionale, le calme, le flegme, la ténacité loyale, la tenue. Les navigateurs normands, les navigateurs hollandais, les navigateurs norvégiens ont été, en tous temps, de hardis coureurs d'océans. Sans l'appoint de ces races, la civilisation, trop exclusivement méditerranéenne, se fût perdue, peut-être dans la séduction de la chair et dans les décadences d'un byzantinisme hiératique.

L'ANGLETERRE. Voici enfin l'aînée de toutes les puissances du Nord, la colonisatrice de l'univers, l'Angleterre. César a touché les côtes de la Grande-Bretagne ; saint Colomban a été un des premiers apôtres de l'Occident. Ainsi, l'Angleterre se rattache à l'*orbis romanus*. L'invasion de Guillaume le Conquérant a rajeuni cet afflux continental, a dicté à l'Angleterre ses lois, sa jurisprudence, sa constitution. L'Irlande catholique subsiste, auprès d'elle, comme un témoin des anciens âges celtiques. L'Anglo-Saxon n'en est pas moins le fils d'une race où le sang du Nord domine et dont une longue lutte contre les éléments contraires a sculpté les traits vigoureux. L'Anglo-Saxon a, d'abord, conquis l'Angleterre, puis il a conquis les îles, puis il a contenu sa dangereuse rivale, la France; enfin, il s'est lancé sur la mer, ouverte de partout devant lui, et il est parti à la conquête du monde. Maintenant, il détient toutes les voies maritimes, il occupe les plus beaux ports, domine les postes les plus avantageux, les passages, les isthmes. Son activité commerciale, son esprit d'initiative, son caractère individualiste, son goût profond pour la liberté font, de lui, non pas seulement un maître, mais un modèle. On imite l'Anglais, on parle la langue anglaise sur tous les continents. Westminster est le père des parlements. L'Angleterre a des noms illustres dans la littérature et dans la science : Shakespeare et Newton; elle a des noms illustres dans la guerre et dans la paix : Elisabeth, Nelson, Pitt, Livingstone; l'Angleterre tient le sceptre des affaires; elle est l'arbitre des convenances. L'Angleterre ne peut être menacée dans sa grandeur que par sa grandeur même.

Comme Rome, l'Angleterre est maîtresse de l'espace; comme la Grèce, elle a semé le monde de filles faites à son image et que les climats différents ne transformeront jamais jusqu'à leur faire perdre la ressemblance maternelle. Les Etats-Unis, situés entre les deux grands océans planétaires, sont et seront, de plus en plus, les arbitres de l'univers. En Asie, en Afrique, l'empreinte britannique est profondément marquée. Il y a une « plus grande Angleterre » qui subsistera — quoiqu'il advienne — à la gloire de l'Angleterre.

PLACE DE LA FRANCE DANS LE CORTÈGE. C'est dans ce cortège des peuples que la France vient, à sa place et à son rang. Moins forte et moins grande que les plus fortes et les plus grandes, elle est plus ramassée, plus pondérée, mieux équilibrée. Elle n'est pas la première des puissances continentales, elle n'est pas la première des puissances maritimes, mais elle les suit de près. Son expansion territoriale et coloniale n'est pas illimitée, mais bien répartie et heureusement groupée. Ses belles colonies d'Afrique, qui se développent à sa porte, seraient, en cas de conflit universel, une aide, non une charge pour la mère-patrie.

Nous avons dit la richesse française : elle est grande et, pourtant, c'est une richesse modérée. La France ne tente pas la cupidité et la spéculation par un prodigieux amas de biens naturels ou par les entreprises colossales qu'offrent les pays nouveaux. Son développement est logique, sain, harmonieux. C'est le pays de l'aisance, du bas de laine et du lopin de terre.

Rien, en elle, n'est disproportionné aux forces humaines et à la capacité humaine. Qu'importent les milliards! La folie des grandeurs est une folie comme les autres — pire, parfois, puisqu'elle est plus tyrannique. Le bonheur et même le bien-être ne sont pas affaire de statistique. Tout ce qui fait le charme de la vie : l'épanchement des cœurs, les douceurs de la famille, la joie des réunions le verre à la main et la chanson aux lèvres, tout cela ne se dénombre pas. Foin des statistiques qui évaluent le mérite au nombre, le pèsent à la tonne ou le comptent au boisseau!

LA FRANCE, PAYS PROPORTIONNÉ ET ÉQUILIBRÉ. La France est un pays bien fait; sa législation est équitable, ses mœurs sont douces; son peuple ne connaît ni l'extrême fortune ni l'extrême misère : sa part lui suffit :

Va, tu sais maintenant que Gallus est un sage.

La nation française n'a pas besoin des vastes dominations; quand sa politique les a cherchées, elle s'est trompée. Mais ses ambitions morales et intellectuelles sont hautes.

Elle aspire à la justice et au parfait. Nous l'avons vu se lancer sur les grands chemins de l'aventure, chaque fois que l'écho d'une plainte lointaine est venu jusqu'à elle. Elle est la sœur aînée des peuples qui souffrent. Elle aime à aimer et à être aimée. Tant que la France subsiste, aucun peuple vaincu ne désespère tout à fait. De même qu'elle cherche la justice, la France aime la lumière. C'est le premier don que lui a fait la nature ; son génie est fait pour clarifier, sa langue pour élucider. Parmi les autres nations, elle a un rôle d'interprète; elle les explique les unes aux autres. Quand des hommes de cultures différentes sont réunis, s'ils veulent se comprendre à fond, il faut qu'ils parlent français. En créant sa langue, la France a apporté à la concorde et à la paix un secours sans prix.

Par l'application à comprendre, à sortir de soi-même et de ses propres idées, l'esprit français a créé le respect des opinions. La secte, la petite chapelle est en contradiction absolue avec ses tendances si fortement unitaires. Qu'est-ce que la tolérance, si ce n'est un élargissement du tact? Le tact vient du goût et du bon sens ; — or ce sont là les dispositions essentielles de cette race qui n'a qu'à laisser parler sa voix intérieure pour se reprendre à la douceur de vivre unie sous un ciel indulgent.

Justice, tolérance, élégance, loyauté, tels sont les traits essentiels de toute civilisation ; or, ce sont aussi les traits caractéristiques de *l'idéal français*. De telles aspirations sont les plus nobles de toutes. Le grand peuple qui vit pour les réaliser n'est-il pas digne du rang éminent qu'il occupe dans l'humanité?

TABLE DES MATIÈRES

La Terre de France	
Les Eaux de France	5
Le Ciel de France	11
Les Hommes de France : Les Préhistoriques	17
Les Hommes de France : Le Mélange des Races	23
La Patrie Française	27
Les Batailles Françaises	31
L'Expansion Française	37
La Propagande Française	41
L'Université de Paris et l'Art Gothique	47
La Renaissance et la Réforme	53
Henri IV et la Tolérance	57
L'Age Classique	63
L'Age Philosophique ou Critique	69
L'Age Politique et Juridique	75
L'Age Héroïque et Lyrique	81
L'Age Réaliste et Scientifique	87
La Richesse Française	93
L'Égalité Française	97
L'Idéal Français	101

IMP. KAPP, PARIS

www.ingramcontent.com/pod-product-compliance
Lightning Source LLC
Chambersburg PA
CBHW070244100426
42743CB00011B/2120